O PODER DE UMA PERGUNTA ABERTA

ELIZABETH MATTIS-NAMGYEL
prefácio de Dzigar Kongtrül

O PODER DE UMA PERGUNTA ABERTA
o caminho do Buda para a liberdade

Tradução de Lia Beltrão

Lúcida Letra
Editora interdependente

© 2010 Elizabeth Mattis-Namgyel
Todos os direitos desta edição são reservados a:
© 2018 Editora Lúcida Letra

Título original: *The power of an open question*
Publicado em acordo com Shambhala Publications Inc.

Coordenação editorial: Vítor Barreto
Tradução: Lia Beltrão
Preparação de texto: Dirlene Ribeiro Martins
Revisão: Thaís de Carvalho
Colaboraram na revisão: Jeanne Pilli, Stela Santin, Gustavo Gitti, Henrique Lemes

1ª edição, 06/2018, 5ª tiragem 09/2022

DADOS INTERNACIONAIS DE CATALOGAÇÃO NA PUBLICAÇÃO (CIP)

M444p   Mattis-Namgyel, Elizabeth.
           O poder de uma pergunta aberta : o caminho do Buda para a liberdade / Elizabeth Mattis-Namgyel. – Teresópolis, RJ : Lúcida Letra, 2018.
192 p. ; 21 cm.

Inclui bibliografia.
Tradução de: *The power of an open question*.

ISBN 978-85-66864-60-1

1. Vida religiosa - Budismo. 2. Incerteza - Aspectos religiosos - Budismo. I. Título.

CDU 294.3   CDD 294.3444

Índice para catálogo sistemático:
Vida religiosa : Budismo   294.3

(Bibliotecária responsável: Sabrina Leal Araujo – CRB 10/1507)

Dedicação

No espírito do Budadarma Mahayana, dedico este livro a todos os seres vivos. Que os corações e mentes de todos os seres descansem sem esforço. E possam eles se manter na confiança do estado de ser do Caminho do Meio.

Sumário

Prefácio — 9

Prefácio à edição brasileira — 13

Agradecimentos — 23

Introdução — 27

1. Um koan pessoal — 35
2. O Caminho do Meio — 44
3. O empurra e puxa do eu: explorando a natureza do eu e do outro — 47
4. O Buda e o vendedor de cachorro-quente — 56
5. Dois modos de escapar — 60
6. Conhecendo as coisas — 70
7. Sem palavras para liberação — 78
8. A palavra "V" — 83
9. Tão grandes quanto nosso mundo — 86
10. Consertando e curando — 93
11. Acolhendo a complexidade — 101
12. Com toda a nossa força — 108

13.	A atividade da objetificação	117
14.	Acordos não ditos	124
15.	A cultura da verdade	130
16.	Aproveite o banquete	136
17.	Digerindo a experiência	144
18.	O marco da não criação	148
19.	O professor perfeito	155
20.	Além do "ceguismo" e do "duvidismo"	167
21.	Andar pela fé	176

Bibliografia	183
Nota sobre a tradução	187

Prefácio

Elizabeth e eu nos conhecemos no Nepal. Éramos muito jovens, profundamente apaixonados, e estávamos aprendendo sobre a vida, bem como a integrar o Budadarma a ela. Eu estava na privilegiada posição de saber mais sobre os ensinamentos budistas, por ter sido exposto ao estudo e à prática do Darma por muitos grandes mestres do nosso tempo. Estava pronto para compartilhar isto com Elizabeth, e ela se tornou minha primeira aluna do Darma.

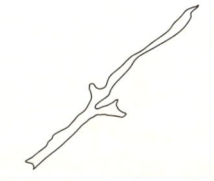

Ao longo dos muitos anos de nossa vida juntos, que incluiu vir para o Ocidente, criar nosso filho e dar início ao Mangala Shri Bhuti, nossa comunidade de Darma, fizemos esforços para, em meio à vida mundana, ser verdadeiros com nós mesmos na visão do Darma. Ao manter esses princípios, Elizabeth foi capaz de estudar uma quantidade enorme de textos clássicos das filosofias indiana e tibetana. Durante o período escolar, todas as manhãs ela levantava às quatro horas, para ter uma sessão completa de meditação antes que a família acordasse. Mais tarde, quando nos mudamos para Crestone, Colorado, ela deu início a sete anos de intensa prática, em sua cabana de retiro nas montanhas próximas à casa da família. Ao longo desse período, continuou a contribuir com nossa comunidade, servindo como exemplo e guiando alunos em retiro. Sua dedicação ao estudo e à prática abriu caminho para que muitos outros avançassem em suas jornadas.

Nos últimos anos, encorajei Elizabeth a dar um passo a mais e tornar-se professora de nossa linhagem, a ensinar quem quer que busque sua orientação. Sugeri que seria maravilhoso que ela escrevesse um livro, uma vez que o budismo no Ocidente precisa ser estabelecido por professores ocidentais que sejam capazes de incorporar integralmente a sabedoria da linhagem e dos ensinamentos. Elizabeth ofereceu seu coração e sua alma para dar vida aos ensinamentos a partir de sua própria experiência, e eu sinto que agora é o momento certo e auspicioso para que Elizabeth apresente-se como professora. Estou muito feliz que ela esteja viajando para oferecer ensinamentos e que este livro tenha se concretizado.

Seu livro capta tudo aquilo que ela aprendeu sobre o Budadarma, sem de modo algum dissolver seu significado. Ela deixa claro quão relevantes os ensinamentos são para nossa própria transformação, e eu confio que outros irão facilmente relacioná-lo à sua própria experiência. Li *O poder de uma pergunta aberta* minuciosamente e valorizo imensamente sua essência e o efeito significativo que, antevejo, terá sobre outras pessoas.

Dzigar Kongtrül Rinpoche
26 de agosto de 2009

Elizabeth Mattis-Namgyel

Prefácio
à edição brasileira

Vivemos uma era de extremos. Uns sofrem de ansiedade ao ver a vida correr mais rápido do que conseguem dar conta; outros sofrem de depressão ao acreditar que a vida ainda não começou ou já terminou. O romantismo hedônico aposta no trabalho, nos relacionamentos, nas viagens, no consumo, como fonte de felicidade; enquanto a desistência niilista gera taxas cada vez maiores de suicídio por todo o mundo. De um lado, a visão materialista reduz a mente humana à química cerebral; de outro, o fundamentalismo religioso se alterna com a espiritualidade nova era para vender todo tipo de fantasia. Um extremo alimenta o outro, gerando conversas polarizadas, bolhas que nos separam, jogos que nos afastam da realidade.

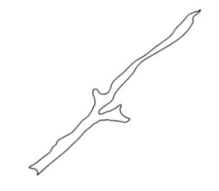

Sem saber como digerir tanta complexidade, vamos nos encolhendo, perdendo o espanto, até ficarmos cansados demais para considerarmos possibilidades inconcebíveis. É como se cada um de nós estivesse perdendo a capacidade de se surpreender. Observe a seu redor: até as mentes mais brilhantes estão parando de sonhar, comprando a solidez do mundo como ele se apresenta, restringindo a vida a um punhado de coisas e tarefas – uma questão na terapia, uma pessoa interessante, uma mudança de carreira, mais um e-mail para responder... e é isso.

Em tempos de fechamento em extremos, você tem agora em mãos um livro sobre a abertura além dos extremos. Eis o significado de "Caminho do Meio" (madhyamaka, em sânscrito). Quando nos fixamos em algum extremo, surge uma experiência de rigidez, teimosia, seriedade, obscurecimento, artificialidade, dualidade, congelamento, preconceito, oposição. Viver além dos extremos significa desfrutar de liberdade, relaxamento, leveza, amplidão, naturalidade, destemor, frescor, espacialidade. Nas relações, por exemplo, se estivermos entre os extremos de isolamento e apego, não encontraremos a possibilidade da compaixão dentro dos limites do jogo autocentrado – será preciso transcendê-lo. Extremos são como paredes claustrofóbicas que obstruem e escondem o espaço. A má notícia é que estamos emparedados por pessoas negativas, emoções pesadas, histórias complicadas, problemas sociais consolidados. A boa notícia é que as paredes não existem lá fora: tudo surge inseparável de nossa mente. Como a transformação da mente é possível, o Caminho do Meio é conhecido como a visão que atravessa paredes.

A origem de nosso sofrimento é uma espécie de briga com a realidade, um não reconhecimento da natureza plástica, impermanente e insubstancial dos fenômenos. Tentamos ser felizes resolvendo uma vida que nunca se resolve. Tentamos consertar o mundo de fora para dentro. Tentamos nos equilibrar pelo controle de situações sempre caóticas. É tão impossível quanto colar post-it no céu. O fato de a vida não se arrumar é motivo de deleite: se não dá certo, também não dá errado. Tudo segue aberto. Não podemos nos resolver, mas podemos nos iluminar e ajudar todos ao redor – não é muito melhor?

A elucidação profunda da visão do Caminho do Meio remonta a Buda e, especificamente, a Nagarjuna (século II), uma das mentes mais extraordinárias de nossa família humana. Ela se expressou nos sutras da perfeição da sabedoria (prajnaparamita, em sânscrito), como o Sutra do Coração, e foi destilada por muitos grandes seres, como Buddhapālita, Chandrakirti, Shantideva, Shantarakshita, Sakya Pandita, Longchenpa, Tsongkhapa e Mipham Rinpoche, sem contar os professores atuais, como Sua Santidade o Dalai Lama, Sua Santidade Gyalwang Karmapa e Dzongsar Jamyang Khyentse Rinpoche.

A maioria das pessoas costuma ignorar a importância da sabedoria. Ouvimos "reificação", "ausência de existência inerente", "oito extremos de elaboração conceitual", "sunyata", "tetralema", "forma é vazio, vazio é forma"... Não entendemos, achamos difícil, logo concluímos que aquilo não é para nós e que provavelmente dá para contornar tais contemplações. Ou pior: achamos que entendemos. Não por acaso, o budismo se tornou mais conhecido pelas instruções de meditação e pelos ensinamentos sobre compaixão. Tal diluição é perigosa, pois, sem sabedoria, a compaixão fica limitada, o ativismo social se deprime, a meditação vira apenas um novo hábito dentro de nossa bolha, a acumulação de mantras se torna uma obrigação, o relacionamento com mestres oscila entre fé cega e pé atrás, e, principalmente, sem sabedoria não nos livramos da raiz das aflições e dos enganos. Descartar a sabedoria é descartar a possibilidade da iluminação, nada menos que o coração do Darma. Esta talvez seja a maior descoberta que podemos fazer: finalmente conhecermos quem verdadeiramente somos.

Sabedoria não vem de acumular conteúdo discursivo, mas de olhar diretamente para a vida: as relações, as aflições, os eventos mentais, as flutuações de energia, as experiências do morrer, do sonhar e da meditação, as causas do sofrimento e da felicidade, as origens sutis da desigualdade social e da degradação ambiental, a natureza mais profunda da mente e da realidade... Nada disso é budista! A capacidade de soltar as fixações também não tem uma patente budista. Se você tem uma mente, você tem todo o direito à sabedoria mais penetrante. Ainda assim, a tradição budista oferece métodos incrivelmente detalhados para nos ajudar a manifestar completamente nosso potencial de liberdade. É esse o convite de Elizabeth Mattis-Namgyel. Não é um convite fácil de se fazer, mas ela pode! Elizabeth está há trinta anos imersa no caminho budista, sete deles em retiro fechado de prática, além de ter passado por estudos rigorosos com especial foco em madhyamaka. Ela é aluna de Dzigar Kongtrul Rinpoche, um mestre da linhagem Longchen Nyingtik na escola Nyingma que recebeu extenso treinamento de professores inigualáveis da Grande Perfeição (Dzogchen), como Dilgo Khyentse Rinpoche, Tulku Urgyen Rinpoche e Nyöshul Khen Rinpoche, além de Khenpo Rinchen, erudito em todas as escolas do budismo tibetano.

Elizabeth é um ótimo exemplo para nós: ocidental, mulher, escritora socialmente engajada, mãe... e uma ioguine das melhores, integrando prática contemplativa e ação desimpedida no mundo. Sua abordagem é apaixonante! Ela nos faz olhar de novo e de novo. É impressionante seu entusiasmo, sua curiosidade e sua proximidade ao mostrar como uma sabedoria milenar pode se tornar viva em nosso cotidiano. Ela parece ter seguido o conselho que recebeu de Mayum Tsewang Palden, mãe de Dzigar Kongtrul Rinpoche:

"Você não precisa ser tibetana e você não precisa ser ocidental, apenas conheça sua própria mente".

É raro encontrar um livro acessível sobre a visão do Caminho do Meio, ainda mais em português. Além dos tratados acadêmicos em contexto meramente filosófico, os ensinamentos clássicos de grandes mestres costumam demandar alguma intimidade com a linguagem budista. Podemos, então, nos alegrar com um livro inteiro sobre vacuidade que abandona até mesmo a palavra "vacuidade". A tradução é da querida Lia Beltrão, editora da revista Bodisatva. Aproveito também para ressaltar o trabalho incessante de Vítor Barreto, editor da Lúcida Letra, ao publicar mais e mais livros preciosos de Darma no Brasil.

Para que mais pessoas atravessem a aparente solidez de estruturas aprisionantes nos mais diversos lugares e contextos, os ensinamentos sobre vacuidade são indispensáveis. A publicação de *O poder de uma pergunta aberta* em português tem tudo para apoiar o estudo e a prática da liberação dos extremos, que chegou viva até nossa geração como uma herança milagrosa. Em um mundo cabisbaixo, cabe a nós levantar a cabeça, retomar a dignidade e manifestar olhos de lucidez.

Que você se deixe tocar pelo espírito investigativo da contemplação direta das aparências internas e externas – até se reconhecer como o espaço além de qualquer noção de eu e outro, dentro e fora.

Que você tome gosto pela prática de procurar por solidez e não encontrar – até surgir a confiança inabalável de que não há nenhuma pessoa realmente perdida e nenhuma situação realmente consolidada.

Que você se apaixone por Nagarjuna! E que sua esfera de interesse e cuidado se expanda até dar conta das infinitas experiências de todos os seres nas dez direções!

Gustavo Gitti
São Paulo, abril de 2018

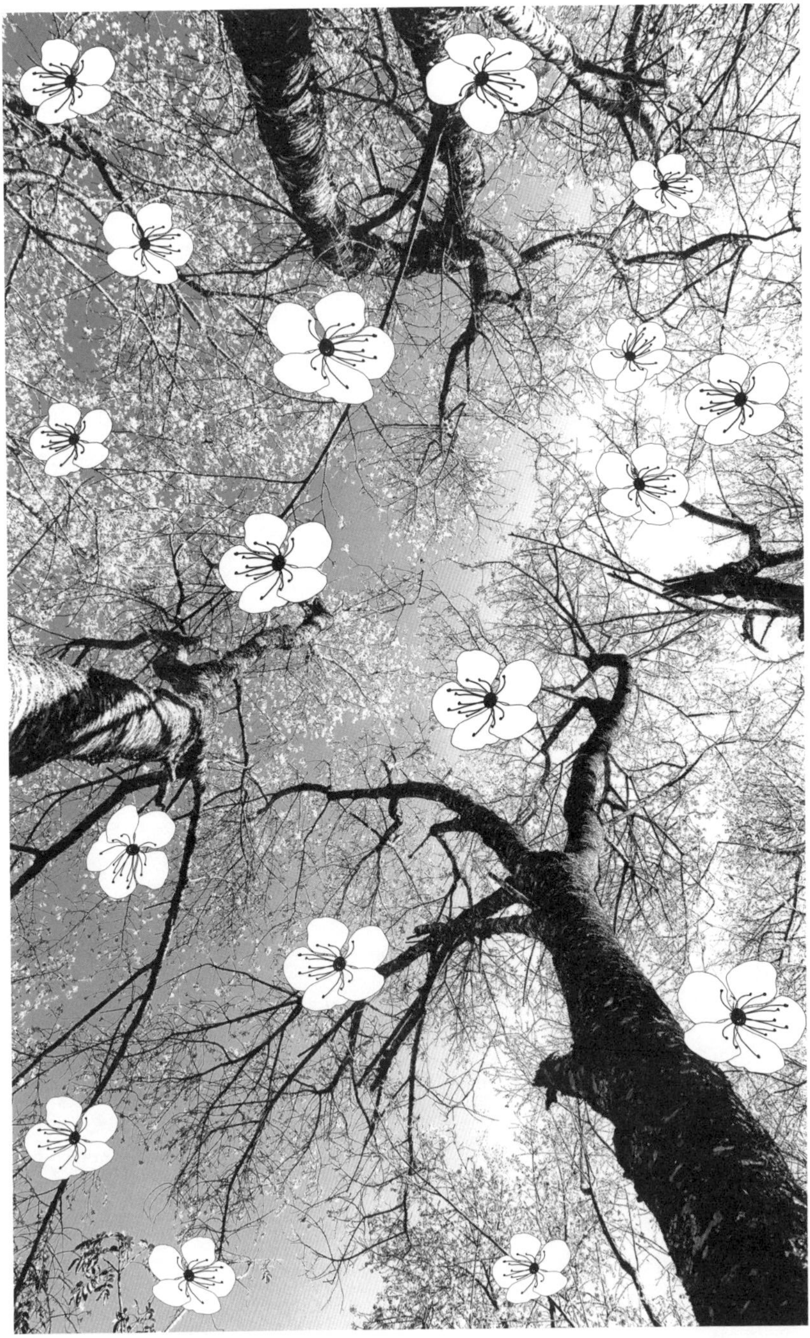

Agradecimentos

Recebi do meu marido e professor, Dzigar Kongtrül Rinpoche, minha primeira introdução aos ensinamentos sobre a vacuidade. Eu era jovem naquele tempo. Não acho que tenha entendido exatamente aonde ele estava querendo chegar. Mas ele não desistiu. Ao longo dos anos, Rinpoche continua a me ensinar com paciência, gentileza, urgência e, também com uma boa dose de ferocidade. Acredito que ele faz isso graças ao amor que sente por esses ensinamentos e à sua bondade, porque ele conhece o efeito transformador que estes sentimentos podem ter nos outros. Agora eu os amo também. Os ensinamentos sobre a vacuidade, também conhecida como a Mãe da Sabedoria Transcendente[1] ou o Caminho do Meio, sempre estiveram próximos ao meu coração. Eles mudaram a maneira como eu olho a vida. Gasto boa parte do meu dia às voltas com esses aprendizados, refletindo sobre eles e me deliciando. Como poderei chegar a retribuir a bondade do meu professor?

---

1. Prajnaparamita (sânscrito).

Quando Rinpoche pediu que eu escrevesse este livro, Sasha Meyerowitz subiu a bordo. A profundidade desses ensinamentos o capturou também, e ele passou horas a meu lado refletindo sobre a vacuidade e como expressá-la. O que poderia dar mais alegria do que discutir o Budadarma com um amigo do Darma?

Há muitos outros para agradecer. Muitos leitores pularam para dentro deste barco e vieram em meu auxílio, todos seduzidos pelos ensinamentos da Mãe da Vacuidade, pela própria Prajnaparamita. Entre eles está meu querido filho, Jampal Norbu, meu amigo e companheiro desde o dia em que nasceu. Muito obrigada a meus companheiros do Darma, Gretchen Kahre-Hollan, Chris Holland, Mark Kram, Erica Hennigan e Larry Shainberg, por suas valiosas e bem pensadas sugestões. E obrigada a Greg Seton por me mandar transliterações e traduções de palavras em meio à sua pesada carga de trabalho, cheio de entusiasmo.

Ani Pema Chödrön compartilhou comigo seus insights afiados. De fato, organizei dois novos capítulos graças a ela. E minha mãe, Naomi Mattis, *realmente* sempre sabe o que é melhor. Meu irmão, Chime Mattis, me ajudou a simplificar. Seu lema era: "Fale da maneira mais simples possível". E meu pai, Marvin Mattis... bem, você o verá neste livro muitas vezes. Ele sempre bancava o advogado do diabo, extraindo de mim uma clareza que eu não sabia que tinha.

Há outros que também apareceram em minha vida magicamente e me apoiaram de uma forma que eles provavelmente nem desconfiam ter feito: com profunda gratidão, agradeço a Buddy Frank, Tatjana Krizmanic e Linda Webber.

E há também meus amigos de quatro patas: o cavalo Braeburn e o gato Don Julio.

Por último, mas não menos importante, quero expressar meu apreço pelos amigos da Shambhala Publications: Emily Bower, Jonathan Green, Hazel Bercholz, Peter Turner, Jim Zaccaria, Ben Gleason e o editor, Gretchen Gordon. É sempre um prazer.

A verdade é que, ao trabalhar com ensinamentos de tal profundidade, tudo aquilo que você encontra é um apoio para seu empenho; tudo se encaixa. Apreciei todos e tudo que encontrei. Escrever este livro foi alegria pura.

Introdução

O Colorado tem muitas rochas e muitas pessoas gostam de escalá-las. Aonde quer que você vá no Colorado, verá pessoas em rochas – rochas gigantes. Eu sempre me perguntei como elas conseguiam escalar algo tão vertical. Não faz muito tempo, minha amiga me levou para escalar pela primeira vez e eu pude descobrir por mim mesma.

Eu me surpreendi ao ver como a escalada em rochas o força a fazer tanto com tão pouco. Escalar obriga você a prestar atenção a formas e texturas superficiais normalmente imperceptíveis. Você sobe pela superfície da rocha ancorando partes do seu corpo nesses espaços; você se empurra para dentro deles, se puxa a partir deles e se equilibra neles. Quando observo escaladores experientes, fico impressionada com o que conseguem fazer. Mas não é bem isto o que interessa. O que realmente me fascina na escalada, e do que quero falar aqui, é a experiência de estar pendurado em uma rocha e não enxergar nenhuma possibilidade de se mover nem para cima nem para baixo.

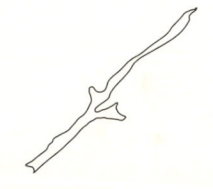

Ficar pendurado em uma rocha é uma forma exagerada de se deparar com o desconhecido. É emocionante, assustador e completamente vibrante. Quando não conseguimos encontrar um apoio para os pés, a mente cai em uma imobilidade aberta – a mesma imobilidade que encontramos em qualquer situação na qual perdemos nossos pontos de referência familiares. Se temos os recursos necessários para relaxar, encontramos um caminho. Mas a mente ordinária reativa entra em pânico em momentos como esse. Nosso corpo enrijece, nossa respiração encurta, nossa visão se estreita. Todas as nossas percepções sensoriais e nossa habilidade de raciocinar são comprimidas. Depois de um tempo, a tensão muscular passa a perturbar nossas emoções: "Não posso ficar assim para sempre". Não podemos nos dar ao luxo de evitar aquilo, então trabalhamos com nosso medo e lentamente nos acalmamos. Agora vem a parte fascinante: à medida que ficamos mais calmos, percebemos todo tipo de padrões e formas novas emergindo da rocha. Vemos lugares para nos equilibrarmos que não víamos antes. Não estamos condenados, afinal. Quando nos acalmamos e nos abrimos, acessamos uma inteligência especial, livre dos entraves da mente habitual, reativa.

    O estado de não saber é um lugar fascinante de se estar. E não precisamos escalar montanhas de pedra para experimentá-lo. Deparamo-nos com o não saber, por exemplo, quando somos apresentados a alguém ou quando a vida nos prepara uma surpresa. Essas experiências nos lembram que mudança e imprevisibilidade são a pulsação inerente à nossa existência. Ninguém realmente sabe o que acontecerá de um momento para o outro: quem seremos, o que iremos encontrar e como reagiremos àquilo que encontrarmos? Não sabemos, mas há boa chance de que nos deparemos com algumas experiências duras e indesejáveis, com algumas surpresas que superam nossas expectativas e algumas coisas já esperadas também. E podemos tomar a decisão de estarmos presentes para todas elas.

Quando decidimos estar presentes para tudo, entramos no caminho espiritual. Qualquer caminho espiritual deveria nos oferecer uma compreensão que gradualmente nos conduz para além da mente habitual, reativa, de forma que possamos viver a vida com inteligência e abertura. Sem isso, o caminho estaria apenas encorajando nossa tentativa habitual de criar uma aparência de segurança, mas agora com um viés espiritual. E, nesse caso, nada mudaria. Continuaríamos a recuar diante do desconhecido e a perseguir o que nos é familiar em nosso esforço habitual de recriarmos a nós mesmos. Poderíamos inclusive convencer a nós mesmos que não temos de participar da imprevisibilidade da vida – um fato do qual verdadeiramente não podemos escapar.

O Lojong[2] budista, ou a tradição de treinamento da mente, diz: "Não seja tão previsível". Como praticantes espirituais, precisamos ter alguma curiosidade em relação ao desconhecido. Quando territórios inexplorados nos assustam, poderíamos nos perguntar: "Onde está meu senso de aventura?". É importante ter um senso de aventura na vida, porque nossa situação atual não é diferente daquela em que se escala uma rocha.

O momento decisivo

A maneira como respondemos à corrente de experiências momentâneas a que chamamos de "nossa vida" determina nosso movimento – seja ele em direção à nossa busca habitual por segurança ou em direção ao despertar. A tradição budista tem muitas formas de explicar nossas tendências a recuar diante das experiências, mas todas essas explicações têm algo em comum: dor e sofrimento se multiplicam quando não somos capazes de nos manter presentes com

---

2 O *Lojong* (em tibetano, Blo sbyong), ou tradição de treinamento da mente, baseia-se em uma série de cinquenta e nove provérbios que representam a sabedoria do budismo Mahayana. Esses ensinamentos foram formulados no Tibete por Gueshe Chekawa, no século XII. Seu propósito, quando se medita sobre eles, é enfraquecer as tendências habituais que surgem a partir do apego ao self, cultivar compaixão e desenvolver a compreensão da natureza vazia dos fenômenos.

aquilo que aparece diante de nós. Quando nos sentimos soterrados pela farta energia de uma experiência, colocamos uma tampa sobre ela, tentamos destruí-la, embelezá-la ou reagir a ela de uma maneira ou outra.

A tradição do Abhidarma[3] budista utiliza a comovente imagem de uma mulher velha e cega para ilustrar esse momento decisivo. Sua cegueira simboliza o fato de que a verdade é demais para ela. De fato, essa cegueira, ou ignorância, é sua forma de fuga do descanso natural na plenitude aberta da experiência. Essa tendência tem um começo? Não sabemos. Mas este exemplo indica que podemos reconhecer essa tendência em cada momento de nossas vidas e saber que temos uma escolha.

A menos que vivamos situações que desafiem nossa mente habitual, como a prática de meditação e retiros em que grande parte das nossas distrações usuais não estão presentes, não é comum que experimentemos essa escolha. Minha amiga Rosemary entrou em seu primeiro retiro muitos anos atrás.

---

3   O termo em sânscrito *Abhidharma* (em tibetano, Chos mngon pa) é usualmente traduzido como "conhecimento elevado", "ciência interior" ou "conhecimento especial". O conhecimento do Abhidarma é "especial" no sentido de decompor toda experiência – tudo que possa ser conhecido – de modo claro e único. Essa literatura antiga (século III a.C. e depois) apresenta uma coletânea de listas sistemáticas, sequências e processos relacionados ao modelo psicológico fundamental que o Buda tem da mente e dos fenômenos que ela percebe. Seus temas centrais incluem estados de consciência, fatores mentais, as funções da mente, o mundo material, originação dependente e os métodos e estágios de meditação.

No instante em que colocou os pés em sua cabana, a perspectiva de encarar de frente e sem distrações a crueza de sua mente relevou-se uma ameaça terrível. Ela rapidamente abriu a porta e simplesmente começou a correr. Enquanto corria mais e mais para dentro do bosque e se distanciava da cabana, uma pergunta surgiu: "Para onde eu iria?!". Incapaz de responder, voltou para sua cabana. E assim começou sua aventura de investigação da mente, do desconhecido e de todo o resto.

Enxergar que temos uma escolha entre permanecermos presentes ou fugirmos é algo muito poderoso. E é poderoso porque nos oferece a opção de reivindicar nossa própria vida, e isto significa responder de forma inteligente ao que quer que encontremos. O que aconteceria se, enquanto estivéssemos pendurados na rocha, escolhêssemos conscientemente descansar em imobilidade (quietude) aberta em vez de entrar em pânico? O que aconteceria se, assim como Rosemary, voltássemos para nossa cabana de retiro e nos sentássemos?

O exemplo daquela velha mulher cega levanta uma importante questão: se a gênese de nossa luta está em nosso hábito de rejeitar o estado aberto, o que aconteceria se nos acostumássemos a permanecermos abertos?

Tinta e uma tela aberta

O fato de que nada é certo e, portanto, não há nada em que possamos nos agarrar pode provocar medo e depressão. Mas pode suscitar também o desejo de ser surpreendido, a curiosidade e a liberdade. De fato, alguns de nossos melhores momentos se dão quando ainda não decidimos o que acontecerá a seguir: andando a cavalo, o vento em nossos cabelos; em uma bicicleta, nada além de uma estrada aberta à frente; viajando em terra estrangeira onde nunca estivemos antes. Tinta e uma tela aberta. Uma máquina de escrever e uma folha de papel vazia. Apaixonar-se. Quando assistimos a um daqueles "faroeste espaguete" com Clint Eastwood, sempre o vemos perambulando pelo mundo, sem nenhum lugar em particular para onde ir, sozinho. Qualquer coisa pode acontecer – não sabemos o quê –, mas não ficamos preocupados; sabemos que ele vai saber lidar com o que for. Sentimo-nos atraídos por esse tipo de confiança, essa liberdade de movimento, esse jeito de se tornar um com o mundo e com sua romântica solidão.

Com o que nos defrontaremos depois: encontro, separação, perda, surpresa? Meu pai me contou que, no momento em que nasci, ele foi dominado por uma mistura de deslumbramento, esperança e ansiedade. Ele se perguntou: "O que vai ser dela...?". Meu filho está na casa dos vinte anos e eu ainda fico admirada, excitada e com o coração partido ao testemunhar seu crescimento em direção à própria vida. Tente encontrar um pai ou uma mãe que não se sinta desse modo. Como é curioso que o amor e a incerteza se unam.

A vida é abundante. De fato, a vida é tão comovente, curiosa, triste, excitante, assustadora e agridoce que às vezes chega a ser insuportável. Mas, como seres humanos, precisamos nos perguntar: "Devemos rejeitar a abundância da vida?". Rejeitar ou não rejeitar – estar aberto –, eis a questão. E esse tipo de questionamento nos leva direto ao coração da investigação pessoal e nos ensina a acolher plenamente nossa humanidade.

1

Um koan pessoal

Eu tenho um koan[4] pessoal.

"Como viver uma vida à qual não podemos nos agarrar?". Como viver com o fato de que no momento em que nascemos já estamos mais perto da morte; de que quando nos apaixonamos a tristeza já está garantida? Como ficar em paz com o fato de que o ganho sempre termina em perda; o encontro, em separação?

Não sei se minha pergunta encontrará uma resposta algum dia. Mas a vejo como uma indagação a partir da qual viver. Sempre tive a sensação de

---

4   Na tradição do budismo Zen, um *koan* é uma história, afirmação, questão ou diálogo paradoxais que são inacessíveis ao pensamento convencional. O praticante utiliza o koan como um ponto de partida para a investigação meditativa. Focando em uma única questão, ele(a) busca um modo de ser que transcenda respostas ou soluções ordinárias. Essa transcendência é semelhante à mente de uma pergunta aberta: uma mente que se envolve, mas que não busca segurança ou conclusões.

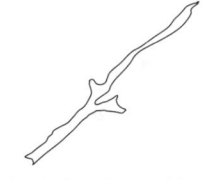

que, se você tem uma pergunta genuína, você deveria explorá-la. Tudo o que você tem a fazer é continuar perguntando e prestar atenção.

Eu me sinto sortuda. Tenho um exemplo e guia incrível, alguém que me dá apoio na investigação do meu koan: o Buda.

O questionamento do Buda era igual ao meu. Ele queria encontrar um caminho além do sofrimento humano básico – os sofrimentos do nascimento, envelhecimento, doença e morte. Não é surpresa alguma que muitos de nós tenhamos a mesma pergunta do Buda. É o dilema humano, basicamente. Se a pergunta do Buda não tivesse nada a ver com o dilema humano, seus ensinamentos não seriam de muita utilidade para nós. Mas o Buda foi conduzido por sua pergunta, e ela foi seu guia em uma extraordinária descoberta que se comunica diretamente com nossa experiência.

Infelizmente, não podemos sequestrar sua descoberta; nada substitui a experiência direta. Koans são assunto pessoal. Ninguém além de nós pode experimentar nossa própria mente ou responder a nossas próprias perguntas. Ainda assim, a maneira como o Buda viveu e as perguntas que ele se fez podem nos inspirar e guiar em direção à sabedoria. Uma das coisas mais estimulantes do despertar do Buda foi a maneira pela qual ele o alcançou – a maneira como o Buda fez a sua pergunta.

A natureza não confiável das coisas

A história da busca do Buda pela verdade foi marcada por duas fases em sua juventude: o desencantamento com a existência ordinária, mundana, e seu encontro com o ascetismo.

O Buda nasceu na Índia como filho de um rei. Enquanto ainda era criança, um velho sábio visitou o castelo. Ele profetizou que ou o príncipe se tornaria um grande regente, ou renunciaria à vida mundana em busca de liberação que atingiria a essência do sofrimento humano. Quando o Príncipe amadureceu, ele de fato fez profundas perguntas sobre a vida e o sofrimento da condição humana. Ele tinha propensão natural à verdade.

Preocupado com o fato de que poderia perder o filho para uma vida de busca espiritual, o rei tentou distrair o garoto de seus questionamentos direcionando sua atenção para a política do palácio. Ele tentou seduzi-lo com lindas mulheres, comida e diversões. Mas nada abrandava a mente do Príncipe. Ele sabia que poder político e riqueza não o protegeriam de incerteza, envelhecimento, doença e morte. Sentiu a vulnerabilidade de sua própria humanidade. Sentiu a vulnerabilidade da condição humana – a mesma fragilidade que todos nós sentimos. Mas, em vez de fugir disso, em vez de tentar criar uma falsa aparência de segurança, ele penetrou ainda mais fundo. As seduções do palácio não o envolveram. Ele tinha o espírito desbravador. Era implacável em sua busca de uma verdade que desvendaria os mistérios do sofrimento humano e proveria um caminho de liberação para todos os seres vivos. Então, partiu.

O Buda partiu porque viu a natureza não confiável das coisas. Apesar de, talvez, não termos consciência disso, sustentamos vários pressupostos sobre a natureza das coisas. "Coisas", aqui, se refere a todos os elementos que constituem a nossa experiência: o mundo físico ou tangível, as sensações emocionais ou físicas, a informação que recebemos por meio dos nossos sentidos, nossos pensamentos e nossa consciência.

Um desses pressupostos é o de que as coisas possuem qualidades inatas que podem nos fazer felizes e nos proteger da incerteza, da solidão e do medo. Se, enfim, tivéssemos mais poder e influência, seríamos felizes. Se estivéssemos em um relacionamento, não nos sentiríamos tão sozinhos. Se tivéssemos mais dinheiro e beleza, não nos sentiríamos tão inseguros. Individualmente, cada um de nós tende a buscar um estado confortável de autoengano. A sociedade oferece-nos a promessa da segurança: você precisa disso, você precisa daquilo; ei, olhe para cá; isto fará você maior, isto fará você menor; isto fará você mais jovem e mais viril.

Ouvimos a voz de nossa mãe, a voz de nosso pai, as vozes em nossa comunidade, na rádio, no jornal, na embalagem de nosso cereal matinal... e respondemos. Mas o mundo das coisas não é confiável. A ideia de que esse mundo pode nos proporcionar felicidade duradoura é uma pequena mentira não dita com a qual todos nós concordamos, ainda que a experiência nos prove o contrário.

Em seu texto *O modo de vida do Bodisatva (The Way of the Bodhisattva)*, o renomado erudito indiano Shantideva fala de nossa tendência a procurar a felicidade fora de nós mesmos. Ele diz que, se as coisas tivessem quaisquer qualidades inerentes, então essas qualidades deveriam ser sempre evidentes – não mudariam nunca. Por exemplo, se um travesseiro possuísse a qualidade inerente do conforto, ele traria conforto mesmo para uma mãe que tivesse acabado de perder seu único filho. Bastaria ela deitar sua cabeça sobre ele e tudo ficaria bem.

Mas, na verdade, coisa alguma é capaz de nos fazer felizes. Quando esperamos estabilidade do mundo das coisas, nos tornamos vulneráveis à frustração. Quando as coisas mudam, e inevitavelmente o fazem, pensamos que o mundo dos fenômenos se virou contra nós: as pessoas nos decepcionam, nossos corpos nos decepcionam, a sensação agradável que tivemos em nossa sessão de meditação de ontem não vai voltar. Até mesmo bolo de chocolate e torta de maçã nos deixam na mão. Coisas prazerosas como essas agora se tornam a fonte de nossa infelicidade. "Elas não estão funcionando. Onde foi parar todo aquele prazer?".

O fato de que, em última análise, o mundo não nos dá garantias não é uma punição; é apenas como as coisas são. Mas para onde isso nos leva? Como podemos apreciar a vida – nossos relacionamentos, nossos corpos físicos, o Concerto nº 5 em Mi bemol maior de Beethoven – sem nos agarrarmos a eles como algo que irá durar e continuará a nos dar prazer? Como podemos encontrar verdadeira felicidade interior sabendo que estamos sujeitos à incerteza, ao envelhecimento, à doença e à morte? O Buda não havia respondido a essas questões ainda quando renunciou o direito a seu reino.

Rejeitando a experiência

Se alguma vez você esteve na Índia, deve ter visto os *sadhus* ou renunciantes. Nessa terra de mais de um bilhão de pessoas, atualmente há mais de treze milhões de renunciantes. Alguns usam os cabelos em dreads longos e emaranhados, normalmente enrolados em um coque no topo da cabeça. Cobrem os corpos quase completamente desnudos com cinzas e fumam haxixe ritualmente, com uma austeridade associada ao desapego da forma física. Muitos deles fazem práticas extremas de automortificação, como manter os braços erguidos para cima por toda a duração de suas vidas. Alguns vagam solitários. Outros vivem em templos, cavernas ou embaixo de árvores. Alguns andam em grupo, enquanto outros sentam silenciosamente sozinhos em meditação. Eles podem ser espirituosos, excêntricos e algumas vezes rudes. Agregam muita cor à já colorida cultura indiana. A Índia não seria a mesma sem eles. Com os renunciantes, é possível imaginar que as coisas não mudaram muito desde o tempo do Buda.

A próxima fase de busca do Príncipe coincidiu com um período de crescimento e florescimento espiritual na Índia. Homens jovens indianos que em tempos mais difíceis teriam herdado a profissão da casta dos pais passaram a se questionar sobre o sentido da vida e da existência. Juntaram-se a um grupo cada vez maior de renunciantes em direção a uma vida de retiro na floresta, uma tradição normalmente reservada a chefes de família na etapa final de suas vidas.

O Príncipe estudou com realizados professores daquele tempo. Suas práticas incluíam longos períodos de intensa privação física. Por seis anos, ele sentou diligentemente comendo apenas as sementes e ervas que ocasionalmente caíam sobre seu colo. Mas seis anos de austeridades físicas o deixaram fraco e esgotado a ponto de sua mente mal conseguir funcionar. O Príncipe concluiu que esse tipo de agressão ao corpo atrapalhava o seu desenvolvimento espiritual. Ele chegou à compreensão de que, apesar de ter cultivado inabalável habilidade de silenciar a mente, nenhuma dessas práticas se dirigia à natureza do sofrimento e ao caminho para a verdadeira liberdade interior que ele tão desesperadamente buscava.

Os guias do Príncipe ensinaram que alcançar o divino significava negar o físico. Eles enxergavam o mundo físico como inferior, ausente de significado e essencialmente um obstáculo à liberação. No entanto, os anos do Príncipe na floresta lhe revelaram o valor do corpo como um suporte para a prática. Ele percebeu que negar a farta expressão do mundo físico era uma forma de niilismo. Passou a entender que o desenvolvimento espiritual não era possível por meio da repressão daquilo que é claramente uma inegável parte da experiência humana.

Durante seu período na floresta, praticou em uma tradição que surgiu do desencantamento com o mundo das "coisas". Ao não encontrar felicidade no mundo das coisas, naturalmente a buscamos fora desse mundo. A negação do mundo das coisas aparece no caminho espiritual quando acreditamos que podemos encontrar uma iluminação que está divorciada de nossa experiência. Como meu amigo, que uma vez me disse de brincadeira: "Mal posso esperar para atingir a iluminação e não ter mais de lidar com toda essa merda". Sejamos honestos: todos nós temos essa tendência a querer sair correndo para outra dimensão... estar em qualquer outro lugar, menos aqui. Mudamos de canal quando as notícias ficam muito dolorosas, porque não sabemos o que fazer com todo esse sofrimento. O processo de seleção descarta os pedaços desconfortáveis da nossa experiência, de maneira que aquilo que não entendemos não nos afete: tudo está bastante bem na nossa bolha. Mas podemos realmente excluir aspectos da vida tão fundamentais para a experiência humana? O sofrimento e a incerteza desafiam nossa fantasia de uma viagem sem escalas para o nirvana. A negação é simplesmente outra tendência extrema que vem junto com pressupostos falsos sobre o mundo. É apenas o outro lado de tentar encontrar felicidade e segurança no mundo das coisas.

Depois de anos de busca, o Príncipe chegou a uma poderosa conclusão: o mundo é precário e incerto, assim, é inútil confiar nele para a liberação. Apesar disso, ele sabia em primeira mão que era impossível atingir a liberação negando aquilo que simplesmente estava na sua frente. "Perseguir ou rejeitar as coisas apenas leva ao desespero", ele pensou. "Como posso encontrar a sabedoria que transcende as limitações dessas duas posturas?". O Príncipe não havia respondido ainda a essa pergunta quando deixou seu retiro na floresta. Mas essa mesma pergunta o acompanhou até a iluminação.

2

O Caminho do Meio

O fato de a pergunta que o Buda se fez tê-lo conduzido até seu despertar é parte significativa de sua história, e deveríamos nos lembrar disso. Em sua biografia encontramos uma mensagem simples: acessamos nossa inteligência mais grandiosa ao nos envolvermos com a vida a partir de um espírito de questionamento, e não pela busca de conclusões absolutas.

Se pensarmos um pouco sobre isso, veremos que a vida resiste a definições. Como podemos verdadeiramente conhecer coisas que estão continuamente mudando, são impossíveis de ser apontadas com precisão e estão sempre abertas à interpretação? Alguma vez nós já conseguimos, por exemplo, chegar a conclusões absolutas sobre o vermelho de uma flor, um momento de tristeza ou o significado do universo?

Temos sorte de o Buda não ter simplesmente chegado a uma conclusão ou estabelecido uma resposta. O mundo está cheio de respostas. Se fizer uma simples pergunta, você recebe milhões delas, sem dúvida alguma. Pense na quantidade de conclusões às quais chegamos a cada dia: pense sobre tudo de que gostamos e não gostamos, nossas visões do mundo, quem pensamos que somos e quem decidimos que queremos ser. Mas será que alguma vez fomos capazes de chegar a um ponto de absoluta certeza sobre qualquer coisa?

Quando o Buda desistiu de sua busca por respostas, ele se deparou com uma alternativa que não sabia existir – a mente de uma pergunta aberta. O Buda descobriu que, quando se fazia uma pergunta, sua mente estava ativa, mas ao mesmo tempo aberta. O processo de questionar a si mesmo o protegeu tanto do extremo da ignorância quanto o da certeza falsa, abrindo espaço para a expressão da inteligência criativa da mente. Ele encontrou uma maneira de estar dentro da mente de uma pergunta aberta, que era profundamente clara, ativa e cheia de aventura, e chamou-a de Caminho do Meio.

O termo "Caminho do Meio" é comumente mal-entendido. Talvez interpretemos o significado de *meio* como "encontrar equilíbrio", por exemplo, no caso de buscarmos satisfação material durante os dias de semana e tentarmos equilibrar o hedonismo com alguma coisa "espiritual" nos fins de semana. Ou podemos pensar que o Caminho do Meio se refere a algo que está no meio de duas outras coisas

– como um intervalo entre dois momentos da experiência –, ou ainda alguma coisa inatingível que está separada do mundo que conhecemos. Mas não é este o significado desta expressão.

A experiência do Caminho do Meio leva-nos por completo para além do pensamento limitado aos extremos – para além dos nossos pressupostos sobre o mundo. Não propõe que rejeitemos o sofrimento e busquemos o nirvana em outro lugar. Não nos aconselha a abandonar nossas vidas funcionais para começar, em vez disso, uma "vida espiritual". Não afirma a existência das coisas, tampouco nega a experiência que temos delas. Em vez disso, a experiência do Caminho do Meio nos conduz por um processo de investigação que questiona a natureza da existência, não existência, eu, outro, felicidade, sofrimento, espiritualidade e o mundo da experiência. Se nós seguirmos esse processo de investigação, ele nos levará a um lugar de certeza além das conclusões. Foi exatamente o que aconteceu com o Buda.

3

O EMPURRA E PUXA DO EU: EXPLORANDO A NATUREZA DO EU E DO OUTRO

Até agora temos seguido o Príncipe em sua exploração da natureza do sofrimento. Nós o vimos buscando respostas no mundo das coisas e não encontrando nada que tivesse valor duradouro. Ele entrou em estados alterados de consciência por meio de práticas de meditação que objetivavam transcender a realidade física. Mas nenhuma dessas práticas visava à natureza do sofrimento e ao caminho para a verdadeira felicidade interior. O Príncipe esgotou todas as visões, pressupostos e possibilidades.

Livre até mesmo da noção de iluminação, o Príncipe descansou na mente de uma pergunta aberta. Ele tinha confiança de que alguma coisa extraordinária estava prestes a acontecer. E, enquanto estava sentado sob a Árvore Bodhi, o mundo inteiro se abriu para ele. Foi assim que o Príncipe atingiu a iluminação e se tornou o Buda – o Desperto. É possível dizer que o seu despertar brotou da mente amplamente aberta de sua própria pergunta.

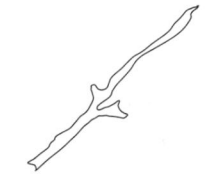

O Buda percebeu que sua busca de uma resposta sobre o fim do sofrimento pressupunha um eu que estava em busca de felicidade, mas que estava assombrado por sua extinção. Ele entendeu como tentamos manter a presença familiar do eu, seja o que for que isto signifique para nós a cada momento. Algumas vezes afirmamos "eu", algumas vezes nós protegemos "eu". Trazemos coisas desejáveis para o "eu" e empurramos coisas indesejáveis para longe do "eu", de modo que os parâmetros do "eu" estão sempre expandindo e contraindo. Todo esse puxar e empurrar ventila as chamas das emoções fortes e, com ainda mais afinco, tentamos nos convencer do ponto: "eu existo". Enquanto isso, convivemos com o terror de uma morte inevitável. Avaliamos, organizamos e lutamos com tudo aquilo que encontramos em uma tentativa de provar a existência de um eu. É esta a relação que temos com o nosso mundo.

Tente visualizar seu mundo sem o empurra e puxa do "eu" com todas as suas preferências: todo seu esforço para encontrar base estável no mundo das coisas e proteger a si mesmo de experiências indesejáveis. O que aconteceria se, em vez de organizar o mundo para se ajustar ao "eu", parássemos de manipular tudo e simplesmente permanecêssemos presentes para a nossa vida?

Permanecer presente desafia nossas tendências reativas habituais. Você provavelmente reconhece este cenário: você está sentado à mesa em um jantar ou está em uma sala cheia de pessoas, quando de repente tudo fica em silêncio. O espaço parece estar grávido, cheio de possibilidades, e então alguém – podendo inclusive ser você – se sente oprimido, desconfortável e simplesmente precisa falar. É assim que lidamos com momentos grávidos – tentamos fugir deles por meio da contínua recriação do eu. Não estamos acostumados a testemunhar nossa própria experiência – a experiência da nossa vida – sem colocar uma tampa nela, manipulá-la, chegar a uma conclusão a seu respeito, ou agregar algum sentido a ela. Mas, agindo assim, alguma vez chegamos a ter uma experiência plena?

O Buda queria uma experiência plena. Queria ver o que aconteceria se ele parasse de tentar escapar do presente esforçando-se em oferecer segurança ao eu. Imagine-o agora sentado sob a Árvore Bodhi...

Não há eu no corpo

O Buda vai direto ao coração da questão, que, claro, é o eu. O Buda procura o eu. Onde ele habita? Ele tem parâmetros? Normalmente definimos o eu por tudo aquilo que não somos. Mas onde nós de fato desenhamos essa linha? Onde nós terminamos e onde nosso universo começa? O Buda está apenas no aquecimento...

O Buda olha para seu corpo físico. O eu parece residir dentro das fronteiras da forma física. Mas ele observa a inalação e exalação de sua própria respiração – uma troca entre os mundos interno e externo. Sua atenção volta-se para a comida que o sustenta; mais uma vez, dois mundos se unem. Ele sente os elementos externos de espaço, ar, fogo, água e terra entrelaçarem-se com o tecido do seu ser físico. Ele testemunha a continuidade de sua linhagem ancestral e todos os constituintes que deram existência à sua forma física. Ele conclui que o corpo não existe isoladamente; ele surge na dependência do outro.

O Buda sente o peso de seu corpo sustentado pela terra abaixo dele. Temos a tendência a pensar que, se algo é sólido e substancial, deve existir separado de outras coisas. Podemos pensar: "Posso tocar meu corpo. Parece ser uma coisa. Como você pode dizer que não existem fronteiras entre meu corpo e todo o resto? Ele tem uma forma e quando o tocamos parece real e sólido". Mas o Buda entende que a densidade, a tangibilidade ou a forma de um objeto não faz com que ele tenha mais qualidade de "coisa" – ou *coisitude* – do que um objeto macio ou maleável; tampouco as sensações que sentimos por meio do contato com os objetos faz deles mais ou menos reais. Por exemplo, podemos nos furar com uma agulha, mas a sensação pontiaguda que percebemos confirma a coisitude do corpo? Na verdade, só podemos sentir quão pontiaguda é a agulha na dependência da própria agulha. O fato de podermos sentir o objeto não prova que ele tem existência independente. Na realidade, prova exatamente o contrário – que nada existe separado de outros elementos. Todas as coisas são iguais no que se refere à dependência que têm de outras coisas, sejam quais forem suas qualidades.

O Buda observa que o corpo não tem forma definida. Se pudéssemos decompor o corpo humano em pedaços e espalhar todos esses pedaços pelo chão, poderíamos nos perguntar: onde esta entidade singular chamada "corpo" está? Como podemos separar o corpo de suas partes?

Tudo é composto por partes, foi o que o Buda percebeu. E nós definimos essas partes por meio de seus parâmetros – sua separatividade de outras partes. Contanto que uma parte tenha limites, como todas as coisas têm, ela contém partes menores. E, com nossa mente racional, encontramos mais partes dentro da delimitação das partes menores, e partes ainda mais diminutas, até que não conseguimos mais encontrar as fronteiras entre as partes. E quem poderia identificar algo sem delimitação? Desse modo o Buda descobre que mesmo as partes não têm parâmetros verdadeiros. Ele alcança a realização da *incoisitude* – da ausência de qualidade de "coisa" nas coisas.

O Buda conclui que, embora o corpo pareça e funcione como o aspecto físico do eu, ele não tem limite – não tem fronteiras. Não é algo que existe em si mesmo, ou a partir de si mesmo, como se fosse separado de outro. O Buda entende que o corpo é infinito... e ainda assim ele experimenta o calor, a respiração e o movimento de sua forma física.

Sem eu na mente

O Buda não está mais morno; ele está quente, quente, quente.[5]

Ele não consegue encontrar as fronteiras de seu ser físico. Conclui que, se o eu não pode ser encontrado dentro nem fora do corpo, então deve residir na mente. O Buda procura as fronteiras da mente. Onde a mente acaba e onde nosso universo começa?

O questionamento do Buda aqui é simples e direto, mas temos de parar e refletir. Alguma vez questionamos a natureza do saber? Alguma vez

---

5   Essa expressão americana comum indica que alguém está chegando muito perto de encontrar o que está buscando. A frase tem origem em uma brincadeira, na qual uma criança procura um objeto escondido. As outras crianças, buscando ajudar a que está procurando, avisam se ela está quente, morna ou fria – em outras palavras, perto, médio ou longe – em relação ao objeto. (Nota da tradutora: No Brasil, a brincadeira é idêntica, conhecida como "quente ou frio".)

conscientemente pensamos se as coisas existem ou não? Nós pressupomos que há um eu. Sentimos a presença – o empurra e puxa – do eu muitas e muitas vezes. Mas normalmente não nos perguntamos onde o eu pode estar e o que ele é.

O processo de investigação do Buda pode ser desafiador. E não pelo fato de seus ensinamentos serem abstratos, mas sim porque eles demandam que investiguemos profundamente a nossa própria experiência. Esse exame da experiência é uma contribuição única da sabedoria do Buda. São necessários alguns músculos mentais, mas é por um importante propósito: nos levar direto ao coração da questão.

Então, o Buda olha profundamente dentro da natureza do conhecer e compreende que, tanto quanto o corpo, nossa habilidade de conhecer qualquer coisa também surge na dependência de outros elementos. A mente funciona como um espelho no qual todas as formas, pensamentos, emoções e sensações são refletidos. Quando olhamos para nosso reflexo no espelho, não conseguimos separar o espelho do nosso reflexo nele. Espelhos, por definição, sempre refletem imagens – a imagem e o espelho dependem um do outro. Não podemos dizer que nosso reflexo e o espelho são uma só e mesma coisa nem podemos dizer que estão separados. Nem são a mesma coisa, nem são coisas separadas... vemos o reflexo de nosso rosto, claro e reconhecível.

O Buda sente o frescor da lua em sua pele. Ele entende que, sem a presença da lua, não poderia conhecer seu frescor ou experienciar seus raios luminosos trazendo brilho à paisagem da floresta. A mente, por definição, conhece objetos: nossa consciência e a lua dependem uma da outra. Por meio do conhecer, nossos mundos interno e externo se unem. A lua e a nossa consciência não são uma única coisa, mas tampouco podemos separar a lua da consciência que temos dela. Nem a mesma coisa, nem coisas separadas... nós experienciamos esse globo brilhante iluminando o mundo ao nosso redor.

Em nossa experiência, todas as causas e condições, nossos mundos interno e externo, os elementos, tudo se une. Mas onde está essa coisa chamada mente ou eu? Onde está este princípio central que organiza tudo?

O ovo estourou... O Buda desperta para um modo de ser sem centro ou fronteira. Ele não encontra eu ou outro independentes, nem mundo externo nem interno, nem centro nem periferia, nem união nem separação, nem mente nem matéria individualizadas. Apesar de o corpo e a mente aparecerem e nós os experienciarmos, eles não têm limites, não têm fronteiras. E, se é assim, onde poderia o eu residir? Onde começamos e onde termina o mundo?

Se o eu existisse, o Buda conclui, seria tão grande quanto o nosso universo, que é infinito.

Elizabeth Mattis-Namgyel

4

O Buda e o vendedor de cachorro-quente

Se ainda não tivemos uma experiência direta da interdependência e da ausência de fronteiras, as coisas podem ficar um tanto quanto abstratas e vagas. Por exemplo, quando se deparam pela primeira vez com o Caminho do Meio, as pessoas algumas vezes pensam: "Bem, se não podemos encontrar os parâmetros do eu e do outro, isso deve significar que tudo é um". Você já ouviu essa piada: "O que o Buda disse para o vendedor de cachorro-quente?" "Faça-me Um com tudo"[6]. Mas o que isso significa exatamente? Será que significa que tudo é igual? A maioria de nós argumentaria que não é desse modo que experienciamos o mundo.

O Buda não disse que tudo é *Um*. Ele disse que tudo surge em dependência de alguma "outra" coisa. Acredito que, quando as pessoas dizem que tudo

---

6 Nota da tradutora: Em inglês, a piada funciona bem melhor, tendo a resposta do Buda, "Make me one with everything", o duplo sentido de "Faça para mim um com tudo" e "Faça-me Um com o todo".

é um, elas querem dizer que se sentem conectadas com tudo o que as cerca – e *isto sim*, está relacionado à experiência de interdependência. Se prestamos atenção à linguagem, começamos a compreender sutilezas importantes que mudam a forma como vemos as coisas.

Nem igual nem diferente

Outra forma de compreender a afirmação do Buda de que tudo surge em dependência de alguma outra coisa é dizer que as coisas "nem são iguais nem são diferentes". Por exemplo, o eu e o mundo que nós percebemos não são iguais, mas tampouco podemos separar o mundo da consciência que temos dele. Essa é uma afirmação poderosa porque desafia nossa crença de que as coisas existem separadamente com seus próprios parâmetros. Mas, então, se o eu e o que nós percebemos não são iguais nem diferentes, para onde isso nos leva? A verdade é que não nos *leva* a lugar algum. Coloca-nos além dos limites do pensamento ordinário – no Caminho do Meio. Mas para que possamos entender como isso é possível, precisamos examinar nossas visões.

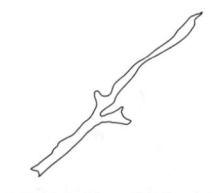

Apenas imagine que somos iguais a todas as coisas, ou "um com o todo". Como, então, funcionaríamos em nossa vida cotidiana? Quantos ingressos teríamos de comprar quando fôssemos ao cinema? Quantos dentes teríamos de escovar pela manhã? Qual seria nosso nome? Se fôssemos um com o todo, poderíamos usar esse argumento a nosso favor e tentar fazer com que outros pagassem nossas contas? Duvido. Ninguém cairia nessa. Acontece que "tudo é um" é uma ideia vaga que algumas vezes dizemos sem refletir sobre o seu real significado.

Ao mesmo tempo não podemos dizer que estamos separados dos outros. Se fôssemos verdadeiramente independentes, não teríamos relação alguma com aquilo que chamamos de "nosso mundo". Se estivéssemos separados, não poderíamos interagir com nada. Nem mesmo comprar um ingresso para o cinema ou escovar os dentes. Ou conhecer, ou tocar, ou ver qualquer coisa. Que dirá experimentar em geral. Felizmente, por meio de nossa própria percepção direta podemos ver que não é este o caso. Nossa interação com o mundo define nossa consciência a cada momento. É uma animada e imprevisível troca.

Nem igual nem diferente nos leva a compreender as relações. Significa que, em relação a nosso filho, somos uma mãe; em relação a nossa mãe, somos filha; em relação a nosso professor, somos estudante; em relação ao universo, somos tão, tão pequenos; em relação a um inseto, somos grandes e intimidadores... e mesmo assim, todas essas descrições ainda não nos oferecem conclusões sobre o que realmente somos. Esta continua a ser uma pergunta aberta. Somos impossíveis de encontrar, esquivos e inconclusos, sempre oscilantes e dinâmicos, e mudamos conforme nosso mundo. Ainda assim, temos de pagar as contas e podemos ter certeza de que existe alguém aí fora esperando para receber nossos boletos.

O fato de que eu e outro não são iguais nem diferentes nos dá material para pensar. Há algo de libertador nisso tudo. Há algo de compassivo também. Este é o Caminho do Meio. Que incrível.

5

Dois modos de escapar

O grande erudito Nagarjuna, um dos mais ilustres seguidores budistas, descobriu os ensinamentos do Caminho do Meio centenas de anos após a iluminação do Buda. Movido por seu amor por aquele saber, ele exclamou: "Presto homenagem àquele que abandonou todas as visões".

Nagarjuna estava falando do Buda, claro. E as visões a que ele se referiu são muito mais cortantes e profundas do que filosofia. São os pressupostos e crenças sutis que nós temos sobre o mundo: especificamente, que a felicidade pode ser encontrada no mundo das coisas ou, inversamente, que devemos rejeitar o mundo para encontrar felicidade. Esses pressupostos afetam o próprio modo como reagimos à vida – visceral, energética, emocional e conceitualmente.

O Buda não questionou esses pressupostos apenas intelectualmente; ele os experimentou como se fossem roupas, para checar se serviriam. E quando percebeu que só levariam a apego e rejeição, excitação e ansiedade, desistiu deles e sentou-se em meditação sob a Árvore Bodhi. Isto é exatamente o que temos de fazer.

A prática de meditação fornece um contexto perfeito para a observação de nossas crenças e o reconhecimento do cabo de guerra que estabelecemos com nossa própria experiência. Apenas sente em silêncio por cinco minutos e observe o que acontece. A menos que tenhamos alguma realização em meditação, não saberemos o que fazer com toda a atividade. Nós nos sentimos desgastados pelo energético jogo da mente, espancados por nossos próprios pensamentos e emoções, desconcertados com nossa inabilidade de sentar em paz. Vamos querer fazer alguma coisa. E realmente temos apenas duas rotas de fuga para sair de toda essa desordem: podemos nos prolongar infinitamente nos pensamentos, o que seria exagerar a experiência, ou podemos suprimi-los ou negá-los.

Exagerar ou negar descreve o dilema que temos com a mente, e não apenas durante a meditação. Exagero e negação operam em conjunto com todas as nossas fantasias, esperanças e medos. Quando exageramos a experiência, vemos o que não está lá. Quando a negamos, não vemos o que está. Nem o exagero nem a negação pertencem à verdadeira natureza das coisas, a natureza que experimentamos quando estamos simplesmente presentes.

Exagero

Quando nos sentamos para praticar, basta um segundo para começarmos a rodopiar em pensamentos – para nos perdermos em fantasias. Subitamente não conseguimos lembrar a data em que tomamos nossa última vacina antitetânica. Começamos a rever nossa agenda. Quando é possível ir a um posto de saúde? E se antes disso pisarmos em uma agulha? E se a agulha nos transmitir tétano?

Levamos esses pensamentos muito a sério. Nós nos empolgamos, sentindo que tudo isso é muito importante, e aí, subitamente, alguém tosse, o som penetra nossa bolha de fantasia e ela estoura... Onde estamos mesmo?

Ah, claro. Estamos em um retiro em grupo em uma sala cheia de pessoas. Nossos olhos estavam abertos, mas não enxergamos nada. Nossos ouvidos estavam abertos, mas não ouvimos ou sentimos o mundo ao redor, porque basicamente tínhamos nos desligado. As instruções de prática não penetraram nossas mentes, porque o tempo todo estávamos ocupados com importantes assuntos imaginários, conduzidos pelo embalo de nossos pensamentos.

Exageros penetram tanto nossos pensamentos e emoções individuais quanto pensamentos e emoções nacionais. Temos visto quanto a estabilidade ou instabilidade de nossa economia nacional, por exemplo, depende amplamente de nossas esperanças e medos individuais e coletivos. Esperanças e medos se metamorfoseiam em especulações, fantasias, sonhos e pesadelos – todos presentes no caminho em direção ao "sonho americano". Apesar de possivelmente darem forma à nossa economia, essas esperanças e medos certamente não facilitam nossa relação direta com a realidade.

Exageros nos desengajam do presente em uma medida ou outra, o que significa que perdemos nossa conexão com o mundo ao nosso redor. No caso da economia, quando a bolha da prosperidade estoura, ela nos força a voltar para as coisas básicas da vida: comida e aluguel. Começamos a nos fazer perguntas básicas: "Como eu poderia simplificar minha vida? Como posso me adaptar às mudanças que vejo ao meu redor? Talvez devesse começar uma horta, talvez adquirir algumas galinhas para poder ter ovos".

No caso da prática de meditação, quando nossa bolha de fantasia estoura, retornamos ao básico da nossa respiração, nosso corpo, nossa conexão com outros seres e com o mundo ao redor, a sabedoria de nossa tradição. Todas essas coisas nos trazem de volta ao momento presente. Quando começamos a praticar meditação, talvez fiquemos espantados com quão frequentemente nossa mente fica vagueando e quão raramente estamos acordados para as realidades básicas da vida. Mas logo a prática aquieta nossa mente, e começamos a entender a diferença entre estar presente e se deixar levar pela fantasia. A prática da meditação nos oferece um contexto para nos questionarmos se sequer temos escolha entre relaxar com a farta energia da nossa experiência ou nos distrairmos em ocupações.

Negação

Depois do exagero, há realmente apenas outro modo de escapar da energia da experiência em seu estado natural: a negação. E, quando nos sentamos para praticar, há sempre uma boa dose de negação, repressão e bloqueio.

Pensamentos surgem junto com energia, sensação e emoção, e não há problema nisso. Mas o que fazemos quando energia, sensações, pensamentos e emoções se tornam desconfortáveis? O que fazemos com todas as experiências indesejáveis que temos durante a meditação? A tensão em nosso pescoço: o que fazemos com ela? O que fazemos com todos aqueles pensamentos incontroláveis? O que fazemos com o embotamento, as emoções negativas, a fadiga, a excitação, a loucura, o tédio? Em suma, o que fazemos com as experiências desagradáveis?

"Indesejáveis" refere-se às frustrações que experienciamos quando nossas esperanças e expectativas sobre como queremos que as coisas sejam não são atendidas. Temos preferências em relação a como gostaríamos que nossa experiência fosse: um descanso da vida comum; algum tempo livre para ser "espiritual"; um estado de mente prazeroso. Mas, quando sentamos para meditar, parece que estamos apanhando da nossa mente. Não sabemos como nos relacionar com a energia dinâmica da mente, porque ela parece vir em nossa direção como um inimigo. Mas o fato de rejeitarmos grande parte da nossa experiência deveria nos servir de indicação de que estamos no caminho errado.

A negação retira a consciência do nosso desconforto, buscando a liberação sem levar em conta nossa experiência. Isso soa familiar? O Buda abandonou seu retiro na floresta por ter compreendido que o desenvolvimento espiritual não seria possível por meio da negação do mundo físico, dos pensamentos, das emoções e percepções. Em outras palavras, ele entendeu que atingir a iluminação não será possível se rejeitarmos e negarmos os acontecimentos que são a nossa vida em si.

A beleza e a bondade únicas da abordagem do Buda é que ele nunca sugere que precisamos experienciar nada além do que já experienciamos. O Buda nunca disse que alguns pensamentos são maus e errados e que deveríamos rejeitá-los. Pensamentos e emoções – todos os tipos de eventos – surgem em nossas vidas e nós não podemos controlá-los. O primeiro ensinamento do Buda começa com profunda investigação do sofrimento e suas causas. A contemplação budista oferece-nos a oportunidade de desenvolver uma nova relação com o sofrimento que é o oposto da nossa postura usual de negação das experiências indesejáveis. A partir dessa visão, circunstâncias desafiadoras tornam-se portões de entrada para a liberação. Seguindo esse espírito, os ensinamentos budistas enfatizam a prática de incluir e penetrar profundamente na natureza de todas as coisas, em vez de rejeitar as experiências.

Uma vez, durante um retiro difícil no qual muitos pensamentos e emoções turbulentas seguiam surgindo em minha prática, meu professor, Dzigar Kongtrül Rinpoche, me explicou que as perturbações que encontrei vinham de uma resistência sutil que eu tinha em relação à minha experiência. Rinpoche me fez recordar que a atitude a ser adotada na prática é a de oferecer respeito e gratidão à mente e à experiência. Quando respondemos a qualquer coisa que surge com julgamento ou agressão, experimentamos a dor disso. Na vez seguinte em que eu sentei para praticar, parei de rejeitar minha experiência, de evitá-la. Surpreendi-me ao ver quanta diferença fazia. Era apenas um pequeno ajuste, mas ainda assim senti como se uma carga enorme houvesse sido liberada. E, mais importante, essas instruções me ensinaram a apreciar minha mente durante a prática.

Energia criativa

Exagero e negação são as estratégias que a mente reativa utiliza para evitar a energia natural criativa que se apresenta a cada momento de uma experiência. Podemos aprender bastante observando, em nossos próprios corpos, como trabalhamos com essa energia. Por exemplo, digamos que tenhamos forte impulso de agressividade, desejo ou medo. Uma mistura de pensamentos, emoções e sensações físicas surge em todo o nosso corpo. O que fazemos com essa energia? As pessoas normalmente dizem: "Vá em frente, libere isto. Deixe sair. Se você a refrear, apenas piorará". De certo modo é verdade. Pode acontecer. Porém, quando descarregamos continuamente nossa raiva, ficamos excitados e nos descontrolamos no calor do momento, ou quando entramos em pânico diante do medo, esgotamos nossa energia, perdemos nossa vitalidade, nossa compostura e confiança. Com frequência, fazemos coisas que desejaríamos não ter feito. Suspeitamos que talvez pudéssemos ter feito as coisas de forma diferente, ter redirecionado nossa energia em uma direção mais positiva... embora não tenhamos certeza sobre como. Por outro lado, se reprimimos essa energia, ela se torna bloqueada e ficamos com o pescoço enrijecido, a mandíbula trincada, as costas rígidas e a respiração curta. Podemos perceber nossos corpos enrijecendo e curvando-se com a idade. Nossa maneira de trabalhar com a energia dá forma ao nosso físico, à nossa postura e ao modo como nos conduzimos ao nos movimentarmos pelo mundo. Tudo isso tem a ver com o modo como respondemos a esse incrível manancial de energia que pode, potencialmente, fluir através de nós de modo natural e comum.

O renomado mestre de meditação do século XX, Dilgo Khyentse Rinpoche, tinha a mais incomum presença física que já pude testemunhar. Seu corpo era enorme e estável como uma montanha, mas também uma energia suave, dócil e vibrante parecia fluir através dele como um rio, sem obstrução alguma. Eu me lembro de ter ficado espantada ao perceber que seu ensinamento era incessante – não havia intervalos em sua fala: ele ensinava enquanto inalava e ensinava enquanto exalava. Uma fila sem fim de pessoas vinha vê-lo todos os dias e mesmo assim sua energia compassiva e seu desejo de servir os outros nunca diminuía. Como alguém com tantas pessoas sob seu cuidado gera reservas de energia tão profundas?

A única explicação é que é resultado da realização de sua prática: sua habilidade em estar presente e ativo, sem ser arrastado por excitação ou ansiedade ou reduzir a energia criativa que fluía através dele. As qualidades que eu percebi em Dilgo Khyentse Rinpoche eram algo que pessoas comuns, como eu mesma, podiam ver. Você pode perguntar a qualquer um que já tenha encontrado com ele e tenho certeza que lhe dirão o mesmo. Acredito que o Buda tinha uma presença física semelhante a esta quando descansava sua mente na sabedoria do Caminho do Meio, além de exagero e negação, sob a Árvore Bodhi.

A bifurcação na estrada

O propósito da prática é nos habituarmos à abertura. Isso significa que precisamos entender a mente reativa. Como experimentamos a diferença entre reagir e estar aberto?

Em que ponto decidimos entre seguir as tendências habituais do exagero e da negação ou tentar alguma coisa nova? Onde fica a bifurcação na estrada? Precisamos explorar estas duas experiências: reagir... estar aberto... reagir... estar aberto... reagir... estar aberto de novo. Começamos a ver a diferença. É um processo de refinamento. Nossa investigação desenvolve uma inteligência discriminativa que nos conduz a uma direção positiva.

Precisamos nos fazer a pergunta: "Se a gênese da nossa confusão está em nosso hábito de fugir do estado aberto, o que aconteceria se nos habituássemos a estar abertos?". Surpresa: outro koan.

6

Conhecendo as coisas

Quando falamos de tendências reativas de exagero e negação, podemos nos perguntar: estamos reagindo a exatamente o quê? Pense nisso. Como você percebe as coisas? E por que responde a elas dessa maneira específica?

Temos diferentes maneiras de conhecer as coisas. A forma mais comum de conhecer as "coisas" é por meio do nosso hábito de objetificá-las. Por exemplo, frequentemente falamos sobre a objetificação das mulheres. Quando objetificamos alguma coisa, desenhamos uma fronteira ao redor dela e, a partir daí, só podemos conhecê-la de modo limitado. Quem é, por exemplo, aquela mulher sensual do outdoor – aquela em um vestido preto maravilhoso segurando um martíni? Quem é ela além daquela imagem unidimensional que nos é apresentada, uma imagem baseada em nossas fantasias, desejos e inseguranças? Sem dúvida, ela anseia pela felicidade, como todos nós. Ela também sente a dor que acompanha esse desejo, o que é comovente e belo a seu modo.

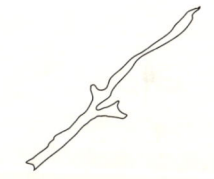

Seres humanos são complexos: temos momentos de frescor e momentos de podridão. Temos momentos criativos e destrutivos também. Somos loucos e previsíveis, gloriosos e miseráveis. Algumas vezes seres humanos parecem ser a mais inferior forma de vida do planeta e, subitamente encontramos alguém fazendo algo brilhante, comovente e humano. Há uma profundidade e uma riqueza em um ser humano que não conseguimos em momento algum capturar ou apontar. Na realidade, tudo é desse modo – como areia movediça. Tente encontrar as "coisas" se você puder. Tente encontrar as coisas antes de objetificá-las, antes de confiná-las em conceitos, adulterá-las ou embelezá-las, exagerando ou negando sua existência. Você percebe aonde estou querendo chegar? Não importa quanto esforço empreguemos em procurar, nos reinos da ciência, psicologia ou qualquer outro, nunca encontraremos uma conclusão absoluta no mundo das "coisas". O mundo que objetificamos nunca nos oferecerá uma experiência plena. Uma experiência plena surge unicamente da nossa habilidade em conhecer a verdade da *incoisitude*, a verdade de que não há "coisa" nas coisas. Quando falamos da ausência de fronteiras das coisas, estamos nos posicionando para conhecer sua verdade ou essência. Como vimos antes: não podemos encontrar fronteira verdadeira ou limite para qualquer coisa, porque todas as coisas existem em dependência de outras coisas. Quando experimentamos a interdependência e a natureza sem fronteira das coisas, não sentimos o peso do mundo sobre nós – o mundo em oposição a mim. Em vez disso, sentimos a abundância do mundo, e nós somos parte dessa abundância. Quando paramos de objetificar as coisas, a verdade é que não temos nada mais a que reagir.

Tolerando as coisas

Em tibetano, a palavra *zopa* é normalmente traduzida como "paciência", "persistência" ou "tolerância". Não acredito que tenhamos uma palavra que descreva a profundidade e o sentido dessa palavra – pelo menos não a encontrei ainda. Ainda que zopa tenha muitas definições, a mais provocativa que encontrei está descrita por Patrul Rinpoche, iogue andarilho do século XIX, em seu texto *As palavras do meu professor perfeito*. Ele descreve zopa como "a habilidade de suportar a verdade da incoisitude ou da ausência de fronteiras das coisas". O que significa tolerar a incoisitude? Boa pergunta.

Normalmente, "tolerar" alguma coisa significar "aturar" essa coisa. No começo toleramos coisas. Nós toleramos coisas que não podemos mudar e coisas que preferimos não confrontar por medo das consequências. Toleramos o café no escritório, o cachorro do nosso vizinho, aquela espinha chata que sempre aparece no nosso queixo e as idiossincrasias nossas e dos outros.

Tolerar a ausência de fronteiras das coisas – zopa – é diferente. Significa mudar nossa atitude em relação às coisas em si, sejam elas o que forem: um estado de mente desafiador, o belo avermelhado de um pôr do sol refletindo em uma montanha, experiências de meditação agradáveis ou desagradáveis, nosso chefe. Experimentamos mudança de hábito quando paramos de objetificar, embelezar ou fugir da riqueza da expressão. Começamos a conhecer as coisas de um jeito diferente. Suportar ou tolerar a incoisitude significa não fugir de uma experiência mesmo quando ela parece grande demais.

O modo como conhecemos as coisas depende da mente, nada além disso. Muitos de nós temos momentos de profundo contentamento quando não sentimos a necessidade de alterar, expressar, fugir ou agregar, de qualquer modo, algum significado especial à nossa experiência. O contentamento profundo mostra-nos que, ao menos momentaneamente, nosso hábito de valorizar e proteger a nós mesmos daquilo que chamamos de "outro" desapareceu. Em momentos como esse, paramos de objetificar as coisas. Podemos deixar as coisas serem. E, quando a mente descansa tranquila desse modo, ela acomoda tudo, como o espaço.

O espaço, por natureza, permite que os objetos venham a ser, a funcionar, a expandir, a contrair, a se mover e a desaparecer sem interferência. O espaço não *faz* – ele permite. Ele nunca cria objetos e nunca os destrói, que é outra forma de dizer que o espaço não elabora sobre ou rejeita aquilo que se move através dele. O espaço não depende de nada, ainda que tudo dependa da complacente natureza do espaço. Por esta razão, o mais prolífico escritor e mestre de meditação da linhagem Nyingma, Kunchyen Longchenpa[7], falou sobre o espaço como uma metáfora universal para a mente que encontra o estado do Caminho do Meio.

A verdade das coisas

No começo de nossa busca pelo Caminho do Meio, vamos precisar de um empurrãozinho – um pouco de força e entusiasmo para ser mais precisa – para podermos ser capazes de permanecer em incoisitude. O que acontecerá? Não sabemos. Além disso, ainda não nos habituamos à qualidade espaçosa da mente. Nosso arraigado impulso de objetificar e ser levado pelas experiências é praticamente automático. Então devemos saber que, "entrando

---

7   Kunchyen Longchenpa (século XIV) foi o mais famoso e importante professor escolástico e de meditação da escola Nyingma do budismo tibetano. Ele foi responsável por compilar, esclarecer e escrever comentários sobre a vasta literatura da Grande Perfeição, preservando, assim, esses ensinamentos, que puderam ser difundidos.

nisso", certo desconforto poderá surgir. É isso o que acontece quando rompemos com algum hábito, não é?

Ainda que tolerar a incoisitude pareça estranho para nós, a verdade é que fazemos isso o tempo todo. Pense no que acontece quando fazemos uma pergunta: curiosidade e questionamento mantêm nossa mente em suspense, e nós participamos da experiência sem objetificá-la. Nossa mente permanece completamente aberta, alerta e pronta para as possibilidades. Podemos até dizer que atingimos o ápice de nossa inteligência quando fazemos uma pergunta.

Koans levam a arte do questionamento para o terreno da prática. Koans são perguntas que emergem da mente dualista e conceitual. Mas não somos capazes de respondê-las com a mesma mente que perguntamos. Na busca por uma resposta, eles nos levam além da mente de objetificação. Normalmente associamos koans à prática Zen. Talvez os praticantes Zen tenham tido a ideia da prática do koan inspirados no próprio Buda.

Meu amigo Larry estudou koans por muitos anos com um professor Zen, Kyudo Nakagawa Roshi, já falecido. Uma vez ele me disse que Roshi frequentemente oferecia o mesmo koan para diferentes estudantes. Algumas vezes os estudantes vinham até Roshi com respostas parecidas. Roshi podia recusar a resposta de um estudante e aceitar a mesma resposta de outro. Conforme Larry me explicou, isso dependia de o estudante apresentar a resposta com a confiança da experiência direta ou não. Em outras palavras, o propósito de um koan é transcender o dualismo da pergunta a fim de chegar ao estado do Caminho do Meio. Quando isto havia acontecido com o estudante, Roshi ficava satisfeito. Caso contrário, não importava quão inteligente ou correta a resposta fosse, para Roshi era apenas mais uma resposta.

Devemos nos lembrar de que o Buda batalhou com um koan: "Como os seres podem encontrar felicidade diante do envelhecimento, doença e morte?". A pergunta do Buda presumia um "eu" objetificado que desejava liberdade da noção objetificada de sofrimento. Sua pergunta era, por definição, dualista. Ainda assim, sua resposta, como você deve lembrar, emergiu da compreensão perfeita da ausência de fronteiras. Sua pergunta o levou para além do reino das coisas objetificadas e do eu objetificado. Ela lhe revelou um modo inteiramente novo de conhecer as coisas – uma forma de conhecer livre de luta e dos limites da mente dualista comum.

Nunca conseguiremos chegar a uma conclusão sobre o Caminho do Meio a partir da objetificação. A ausência de fronteiras, por definição, é inconclusa. Conseguimos conhecer, no entanto, a natureza profunda das coisas, abundante e sem limites. Conhecer as coisas desse modo é a experiência da liberação.

7

Sem palavras para liberação

Quando atingiu a iluminação sob a Árvore Bodhi, o Buda não conseguiu colocar em palavras a profundidade da sua experiência. Ele decidiu manter sua descoberta em segredo, presumindo que ninguém a entenderia. Isso, claro, não durou muito tempo. Inspirados por sua presença, muitos vieram até ele solicitar ensinamentos. Comovido com a dor da condição humana, ele os ensinou com grande clareza e ternura.

No entanto, a preocupação inicial do Buda levanta uma importante questão: como descrever uma experiência que está além de palavras? Como falar sobre algo que não pode ser objetificado? No momento em que tentamos empacotar uma experiência com nossa mente conceitual, nós perdemos essa experiência. Reduzimos sua qualidade ilimitada a uma coisa.

Muitos eruditos debatem este ponto na tradição do Caminho do Meio. Algumas escolas nos conduzem a um processo de investigação que nos mostra o que não é a liberação. Em outras palavras, depois que os proponentes dessas escolas exaurem todas as concepções erradas a respeito da natureza das coisas, eles deixam que a mente conceitual descanse. Não tentam descrever uma coisa que jamais pode ser objetificada. Outras escolas discordam dessa abordagem. Elas colocam palavras na experiência da ausência de fronteiras, palavras como *compaixão, sabedoria, ações hábeis* e *amor*. Afirmam que essas qualidades emergem como resultado direto da compreensão da ausência de fronteiras. Elas acreditam que, se essas qualidades permanecem desarticuladas, aqueles que estudam o Caminho do Meio podem interpretar de forma equivocada a incoisitude como a ausência de experiência – como um vácuo.

Praticantes budistas e estudiosos também lançam mão de metáforas tradicionais para descrever a experiência do despertar; Longchenpa, por exemplo, fez uso do espaço como a metáfora universal para a natureza da ausência de fronteiras da mente. Metáforas são sugestões que podem servir de gatilho para uma compreensão a partir de experiências pessoais. Na tradição Vajrayana, estudantes maduros recebem transmissão por meio de metáforas ou instruções essenciais de um professor qualificado, que os introduz desse modo à natureza sem fronteiras da mente.

Mas, no final, a liberação é inexprimível. Como é dito no Dzogpa Chenpo, ou literatura da Grande

Perfeição[8], tentar descrever tal experiência é como uma pessoa muda tentar descrever o sabor do açúcar.

Pequenas iluminações

Ainda que não consigamos descrever a mente desperta, isso definitivamente não significa que não possamos despertar. Se você parar para pensar, vivemos e nos movimentamos no estado de ausência de fronteiras o tempo todo, então, à nossa própria revelia, somos compelidos a experienciar a verdade das coisas aqui e ali. E precisamos reconhecer essas bênçãos quando elas chegam. Um momento de cuidado amoroso incondicional para com outro ser, por exemplo, nos libera da prisão de nosso próprio autocentramento. Dzigar Kongtrül Rinpoche sempre diz que a energia desses pequenos gestos, estes que tendemos a subestimar, pode nos sustentar por um dia inteiro.

Em um filme estrelado por Hugh Grant, o protagonista é um solteirão de meia-idade egoísta e depressivo que vive da herança que recebeu. A personagem basicamente não tem nada para fazer o dia todo a não ser pensar em si mesmo, o que, obviamente, só o faz se sentir péssimo. Então, em algum

---

8   Dzogpa Chenpo (rDzogs-Pa Ch'en-Po) são os mais essenciais e desenvolvidos ensinamentos da linhagem Nyingma ou Escola da Tradução Antiga. Tratam-se de instruções diretas que conduzem ao estado primordial natural da mente não condicionada.

momento da trama, ele acidentalmente se torna amigo de um garoto e de repente se vê comprando um par de tênis para esse adolescente infeliz. Quando está no caixa, ele tem uma epifania: sente o calor e a bondade de sua própria generosidade. Ele percebe que presentear os outros o faz feliz. E isso o assusta. É um momento tão inocente e ao mesmo tempo comicamente trágico, porque nos damos conta de que aquele homem de 38 anos descobriu isso apenas agora.

Esse pode parecer um exemplo banal, mas essas pequenas aberturas – essas pequenas iluminações – nos revelam o melhor em nós mesmos e o que podemos aprender. Um momento de compaixão, um momento de descanso no presente em vez da tentativa de fugir dele, um momento de apreciação de qualquer coisa que não seja apenas o que é bom para mim, um momento de se alegrar com as boas qualidades de outros, um momento de descanso na natureza sem fronteiras das coisas, ou mesmo um momento de aspirar a cultivar qualidades altruístas – tudo isto nos emancipa das amarras de nossa própria ignorância.

Enquanto praticantes de meditação, precisamos reconhecer e participar desse aspecto mágico da experiência que nos retira de uma visão estreita do eu e do outro e nos move em direção à verdade das coisas – em direção a essas pequenas iluminações.

Porque, se você para e pensa sobre isso, não é este o objetivo da prática: liberação?

8

A PALAVRA "V"

É preciso trabalhar com muitas palavras novas para expressar a experiência inefável do Caminho do Meio: qualidade da ausência de fronteiras das coisas, qualidade da ausência de "coisa" na coisa ou incoisitude, qualidade de não ser encontrável... são muitas expressões novas. Mas todas apontam para um termo mais tradicional, e este parece ainda mais desafiador para a maior parte das pessoas: vacuidade, também conhecida como a palavra "V" entre budistas.

A palavra "V" costuma assustar as pessoas. Tudo é vazio? O que isso significa? Pensamos que algo vital – a força da nossa vida – será retirado de nós se concordarmos que as coisas são vazias. Pensamos no copo metade vazio, palavras vazias, carteira vazia, ninho vazio, um sentimento vazio no peito – um vácuo, um oco, uma falta, a solidão, a maldição, escuridão, nada.

No entanto, imagine-se na cidade de Nova York na hora do *rush* precisando desesperadamente de um táxi. Quando consegue pegar um táxi vazio, para você ele significa possibilidades. Não podemos escrever um livro sem uma folha de papel vazia, e quando nossa agenda está vazia podemos fazer qualquer coisa que queiramos. Viva o vazio! Vacuidade significa possiblidade. Vacuidade permite que haja mais espaço – na verdade, que haja espaço ilimitado – para que as coisas surjam. Mas não apenas permite que elas surjam; a vacuidade descreve sua própria natureza. Entender a natureza da vacuidade significa conhecer a natureza da ausência de fronteiras das coisas. Vacuidade é só outra maneira de dizer que podemos conhecer as coisas sem objetificá-las. Paradoxalmente, não podemos sequer falar em ter uma experiência *plena* sem vacuidade. Pense nisso.

Eu gostaria de prestar uma homenagem à palavra *vacuidade*. É uma das mais profundas dentro da literatura budista, e seu leito é o próprio coração dos ensinamentos do Buda. Os sutras comumente se referem à vacuidade como Mãe Prajnaparamita – a Mãe da Sabedoria Transcendente. "Mãe" remete à característica natural da vacuidade de ser como um útero, grávida de possibilidades.

Na literatura de Prajnaparamita[9] é dito que, do mesmo modo que crianças de uma mãe que tenha

---

9 Essa é uma paráfrase da tradução de Edward Conze do *Ratnaguna-samcaya-gatha*, intitulado *The Perfection of Wisdom in Eight Thousand Lines and Its Verse Sumary* (A perfeição da sabedoria em oito mil linhas e seu sumário de versos), p. 31, verso 253.

caído doente se preocupam de todo o seu coração com o seu bem-estar, os bodisatvas que buscam liberação pela prática do Caminho do Meio se preocupam de todo o coração com a Mãe Vacuidade. A atenção que dedicam a ela possibilita que a conheçam completamente. Ao conhecê-la, encontram liberação – o estado búdico. O imaginário e o afeto presentes nessa linguagem tradicional revelam que a vacuidade é central para o despertar.

Escrever um livro sobre o Caminho do Meio do Buda sem usar a palavra "V" é desafiador. Mas *vacuidade* é uma palavra que vem bem empacotada, ou seja, é necessário muito estudo e contemplação para conseguir abri-la e entendê-la no contexto da prática de meditação. Ao optar por não usar a palavra "V" neste livro, fui forçada a explorar mais profundamente o sentido de vacuidade. Mas resolvi mencioná-la aqui porque a vacuidade ocupa um lugar central no contexto dos estudos e da literatura budistas. Eu, se fosse você, não dispensaria a palavra "V" tão rápido. É uma palavra maravilhosa, mas provavelmente não a veremos outra vez neste livro.

Tão grandes quanto nosso mundo

Muitos anos atrás, quando nos mudamos pela primeira vez para o Colorado, Dzigar Kongtrül Rinpoche e eu viajamos de carro por uma estrada cheia de curvas nas montanhas de Rockies. Era setembro e as árvores estavam mudando de cor. Não é possível ver muito amarelo, laranja e vermelho no árido clima de Rockies – exceto no outono. No outono, a luz do sol bate nas folhas e elas brilham. Eu me senti tão maravilhada com aquela beleza, estava quase agitada perante ela. Eu dizia o tempo todo: "Como é bonito, que bonito, que bonito...". Rinpoche se voltou para mim e perguntou: "´É bonito *demais* para você?". Isso me fez parar para pensar... mesmo a beleza pode nos causar dor quando a objetificamos.

A forma que nossa vida toma tem menos a ver com o que encontramos do que com nossa relação com isso. Quando objetificamos a experiência – seja a beleza ou a dor – entramos em uma relação de luta com nosso mundo – um mundo todo sobre "mim".

Mas a vida não é algo que acontece *para* nós. Não conseguimos nos separar do fluxo constante de experiências que chamamos de "nossa vida". Não somos vítimas da nossa vida nem somos não merecedores dela. A vida não é bela ou divina demais para nós. Ela não é grande demais, ou dolorosa, ou assustadora, ou mesmo complicada demais para nós, ainda que algumas vezes pareça ser. Nosso desafio, como seres humanos, é nos tornarmos suficientemente grandes para acomodar tudo isso.

Acolhendo nossa humanidade

"Acomodar tudo", enquanto prática, significa acolher nossa humanidade em toda a sua glória e confusão. Significa aceitar a beleza, a feiura, a alegria e a dor do mundo – nosso mundo – e também todo seu mistério, ambiguidade e contradição. Como viver uma vida com a qual não podemos contar? Como podemos nos deliciar com um pedaço de bolo de chocolate quando uma criança na África tem cólera? Como podemos reconciliar o "eu" e a "iluminação"? Quem pode responder a esse tipo de pergunta? Ninguém pode. O que podemos fazer é acolher seu mistério.

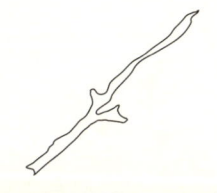

Acomodar tudo é uma prática do coração, uma vez que estamos convidando a vida em vez de rejeitá-la. Essa prática expressa o princípio fundamental da não violência, porque não podemos responsabilizar os outros por nossa felicidade e dor. Não podemos apontar o dedo para o governo e dizer: "É por causa de vocês que minha vida é péssima". Não podemos objetivar as coisas desse modo quando praticamos. Mas podemos aceitar nossa vida sabendo que cada momento surge em conexão com uma gigantesca e insondável paisagem, da qual somos parte integrante. Somos naturalmente grandes – naturalmente infinitos – como todo o resto.

Quando começamos a prática de acomodar tudo, podemos nos sentir intimidados com o caráter selvagem e incontrolável de nossos pensamentos e emoções. Mas, à medida que aprendemos a nos habituar com a abertura – em vez de objetificar coisas –, passamos a conhecer a natureza dos pensamentos e emoções. Não conseguimos verdadeiramente encontrar essas coisas das quais normalmente fugimos ou às quais reagimos. Elas se movem e mudam e surgem na dependência de outras coisas.

Saber disso alivia a atmosfera da mente por inteiro. Talvez lembremos que, quando começamos a praticar meditação, conseguíamos relaxar em apenas 20% da nossa experiência, mas à medida que praticamos conseguimos relaxar 30%... depois 40%... ou mais. À medida que praticamos podemos inclusive chegar a desenvolver paixão por entender as experiências que sempre têm nos assustado – experiências que tentamos evitar. A prática produz esse tipo de coragem.

A prática de acomodar tudo inclui todas as coisas de que gostamos e não gostamos; isso nos dá a liberdade de sermos seres humanos plenos, sem a agitação que vem de tentar classificar, manipular e rotular nossa experiência. Se praticamos por um tempo, passamos a ver que até mesmo o sofrimento é repleto de possibilidades.

Desenvolvendo nova relação com o sofrimento

A investigação sobre o sofrimento marca nossa entrada no caminho budista. O Buda nos ensinou, usando muitas diferentes palavras, a contemplar ou acomodar o sofrimento. O sofrimento tem algo a nos oferecer.

De acordo com os ensinamentos do Buda, o sofrimento não é um assunto pessoal. O sofrimento aponta para a natureza do mundo das coisas e para a inabilidade deste mundo em nos satisfazer ou produzir felicidade duradoura. Ajahn Sumedho, da tradição da floresta do budismo tailandês, escreveu um lindo livro sobre as Quatro Nobres Verdades do Buda[10], sendo a primeira delas a verdade do sofrimento. Ele descreve o mundo sensorial como uma experiência sensitiva na

---

10   O primeiro ensinamento que o Buda deu imediatamente depois de sua iluminação. As quatro verdades são a verdade do sofrimento, a verdade das causas do sofrimento, a verdade da cessação do sofrimento e a verdade do caminho.

qual somos continuamente expostos ao prazer, à dor e ao dualismo da condição humana. É assim que é. É o resultado do nascimento. Ele diz que, quando aceitamos essa verdade em nossa consciência, isto não acontece pela perspectiva de que "eu estou sofrendo", mas sim pela perspectiva de que "o sofrimento existe".

Na história da vida do Buda há uma narrativa desconcertante que ilustra essa mudança de perspectiva de "eu estou sofrendo" para "o sofrimento existe". Um dia uma mulher chamada Gotami aproximou-se do Buda segurando o corpo do filho morto nos braços. Ela implorou ao Buda que trouxesse a criança de volta à vida. O Buda disse que poderia ajudá-la, mas que primeiro ela deveria fazer algo para ele: pediu que ela lhe trouxesse uma semente de mostarda vinda de uma casa em sua vila na qual ninguém tivesse morrido. A mulher seguiu a instrução do Buda, mas retornou de mãos vazias. Não havia nenhuma família na vila que não houvesse visto a morte. Mas, no processo de buscar por isso, alguma coisa mudou em Gotami. Seu fracasso em conseguir uma mera semente de mostarda mostrou-lhe a universalidade do sofrimento. Evocou nela compaixão pela condição de todos os seres vivos. Mais ainda, ela experimentou a coragem que vem da aceitação. Gotami foi capaz de fazer a mudança de "eu estou sofrendo" para "o sofrimento existe". Apenas depois disso conseguiu soltar o corpo do filho.

Minha amiga Robin perdeu o filho quando ele estava prestes a se tornar um jovem adulto. Ela contou que depois de sua morte passou a fazer parte de um grupo de apoio ao lado de outros pais que também haviam vivenciado a perda de um filho. Ao presenciar a tristeza dos demais, ela foi capaz de mudar de "eu estou sofrendo" para "o sofrimento existe". Robin carrega no pescoço um medalhão com uma semente de mostarda dentro, para lembrá-la de Gotami e sua busca.

Contemplando o sofrimento

Quando direcionamos nossas mentes para uma reflexão honesta sobre a natureza do sofrimento, o que acontece? Deparamo-nos com uma experiência de vida mais plena. O Buda sabia disto, e esta é a razão pela qual ele direcionou sua mente diretamente ao sofrimento – para a mesma coisa que a maioria de nós passa a vida tentando evitar. Com essa atitude, o Buda demonstrou para nós que contemplar o sofrimento – admitir o sofrimento dentro de nossa experiência – reflete o espírito de bravura de que precisamos para despertar.

O Buda chamou essa reflexão sobre o sofrimento de Primeira Nobre Verdade. É importante compreender que o Buda chamou o sofrimento de "verdade" apenas com o objetivo de reconhecer que os seres vivos o experimentam. O sofrimento em si mesmo não possui realidade inerente. Essencialmente, como todas as "coisas", o sofrimento surge e cessa em virtude de sua dependência de causas e condições. Por isso, ele não tem fronteiras identificáveis. É apenas mais uma experiência que não pode ser objetificada, capturada ou definida com precisão. O que é o sofrimento antes de ele ser objetificado por nós? Esta é uma boa pergunta.

10

Consertando e curando

Nosso *modus operandi* usual é tentar livrar nossa vida do sofrimento reorganizando as coisas. Em vez de admitir o sofrimento como parte de nossa experiência, tendemos a fabricar estratégias esperançosas de prevenção. Meu amigo Buddy, praticante do método Rolfing, conta que os clientes quase sempre entram em sua clínica esperando ser "consertados" – esperam chegar a um estado físico completamente livre de dor. Este não é um desejo disparatado. Ninguém quer sofrer. Mas precisamos nos perguntar: "Este misterioso e dinâmico organismo que habitamos é passível de ser consertado? Ele alguma vez atingirá um estado final de equanimidade, em que não sentirá o movimento, o prazer e a dor do universo infinito do qual faz parte?".

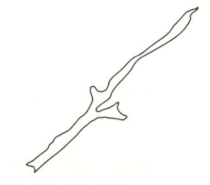

Consertar é diferente de curar – e a diferença está na atitude. Consertar objetiva evitar a dor por meio de um retorno aos bons e velhos tempos no qual estávamos livres da dor. Existe esse tipo de nostalgia; apenas queremos que as coisas voltem a ser o que eram. Esta atitude não exige que mudemos ou que experimentemos nossos corpos plenamente. Temos um objetivo, mas estamos ausentes do processo que nos leva a esse objetivo – um processo que nos exige nova experiência, nova compreensão de nossa forma física e de como a habitamos. A abordagem do conserto não chega até as causas e condições que deram origem à nossa dor. Ela simplesmente reorganiza nossa confusão física de modo a nos oferecer pequeno alívio – normalmente temporário – de uma sensação desagradável.

Não sei quanto a você, mas frequentemente me pego esperando por um estado de equilíbrio físico perfeito. "Quando isso acontecerá? Quando chegará o dia em que vou me sentir consistentemente perfeita?" Mas, na verdade, o corpo não é uma coisa que se possa consertar. Como Sua Santidade o Dalai Lama falou: "A felicidade física é apenas um eventual equilíbrio dos elementos no corpo, não uma harmonia profunda. Compreenda o temporário pelo que ele é".[11] O corpo é, na verdade, um organismo dinâmico e imprevisível, dependente de partes, de elementos, de todas as outras coisas no universo – um koan em si mesmo. Compreender isto leva à cura. Essa compreensão nos desafia a participar da revelação de nosso próprio mistério

---

11   Sua Santidade o Dalai Lama. *Conselhos sobre a morte: e como viver uma vida melhor*. Rio de Janeiro: Rocco, 2005. p. 89.

pessoal em vez de esperarmos por um resultado final. Como podemos acolher as mudanças em nosso corpo para ajudá-lo a mover-se em direção ao bem-estar? Podemos até mesmo relaxar um pouco com a sensação física da dor... ela é mesmo tão sólida quanto pensamos? Talvez as coisas não tenham de voltar a ser como eram... talvez as coisas possam ser diferentes. Como seria se isso acontecesse? Temos de nos incluir por inteiro – na verdade, temos de incluir nosso mundo inteiro –, juntamente com todas as sensações que talvez não queiramos, para que possamos nos curar.

O ponto é que a cura não nos promete que as coisas funcionarão da forma como queríamos inicialmente. Ela não nos promete que a velhice, doença e morte serão curadas. Não promete uma vida sem dor. Mas promete, sim, um bem-estar fundamental – um bem-estar que se encontra dentro.

Minha mãe, que por muitos anos trabalhou com pessoas que tinham doenças terminais ou graves, contou que presenciou muitas dessas pessoas passarem de estados de incômodos físicos e emocionais para um lugar de profunda aceitação de sua condição física, de sua vida e de sua morte. Quando as pessoas passam por tais experiências, seu comportamento muda por completo; sua visão de mundo se amplia. Elas não querem mais voltar... querem ir adiante. E quando seguem adiante não têm arrependimentos.

Ela as ouviu dizer coisas como: "Essa doença foi a maior bênção da minha vida".

Ouvi uma vez uma mulher falar na rádio National Public sobre a experiência que teve com a filha, que era viciada em heroína e vivia nas ruas. Ela tentou levá-la para clínicas de reabilitação, conversar com ela, intervir dos mais diferentes modos, mas foi em vão. Finalmente, essa corajosa mãe aceitou a situação da filha. E, em vez de tentar reabilitá-la ou mudá-la, ela apenas foi ao parque e sentou com ela – começou a presenciar a verdade da difícil situação da filha. De certo modo, sua história, da forma como foi contada, permanece sem solução. Ela foi incapaz de consertar as coisas. E, ainda assim, enquanto ouvia o seu relato, eu podia sentir a bravura e a clareza que vieram da habilidade desta mulher em trabalhar com sua situação de forma a curá-la.

Força verdadeira

O que foi preciso para que aquela mãe sentasse ao lado da filha sem tentar mudá-la? A força ou "tolerância" necessária para a cura não tem nada a ver com a "macheza" de aguentar implacavelmente o que for. A força verdadeira é como uma bola de borracha flexível – se você a deixa cair, ela salta longe –, em oposição a uma bola de cerâmica dura que se quebra em cem pedaços. A força é a mente suave, ágil e aberta que testemunha a vida, em vez de tentar lutar contra experiências não desejadas ou de viver cercado por elas. A força é nossa disposição de estarmos presentes diante da incerteza.

Porque o Buda insistiu que contemplássemos o sofrimento, as pessoas comumente interpretam mal o caminho budista como se fosse um caminho de sofrimento. Eu me lembro de ter lido um artigo de revista cujo autor, em referência ao budismo, se perguntava por que alguém gostaria de participar de uma religião que sustentava a visão de que "a vida é sofrimento". Mas essa leitura refletia a incorreta interpretação do próprio autor. O que há de bom em sofrer? Apenas nos torna amargos. O aspecto transformador do sofrimento surge da compreensão de que somos grandes o bastante para encarar esse aspecto inevitável da vida.

Os grandes seres de todas as tradições entendem os princípios de acomodar tudo. Eles aceitam a vida e não tentam viver à margem dela. Isso significa que eles testemunham, junto com todas as outras coisas, a dor e a tristeza, e é por esta razão que o sábio – apesar de seu coração livre e pleno de júbilo – sempre reflete um tanto de tristeza em seus olhos.

Desenvolvendo nova relação com a beleza

Tenho mais uma história sobre árvores. Em uma primavera, anos depois de ter dirigido por aquela estrada sinuosa com árvores que se coloriam no outono, Rinpoche me levou a Kyoto, no Japão, para ver as cerejeiras em flor. As flores pareciam ser o reflexo de um pôr do sol cor-de-rosa batendo na neve. Eu poderia seguir falando de sua beleza... mas algo me interessou ainda mais do que as flores: observar o povo japonês as apreciando.

Quando os japoneses olham para uma flor de cerejeira, se em algum momento chegam a dizer alguma coisa, eles dizem algo como: "*Sakura* [que significa "cerejeira em flor"]... ahhh...". "Ahhh..." pode não ser a melhor interpretação fonética do som que eles fazem, mas soa semelhante e tem sentido equivalente a "ahhh", o som do deslumbramento em inglês. "Ahhh..." não é um som de objetificação. Isto seria mais como "hummm" (um sinal de dúvida) ou "é" (eu já sei) ou "meu deus!" (acho que entendi). O som do deslumbramento não é cerebral. Particularmente quando os japoneses o emitem, ele soa mais como um suspiro – carrega um pouco de tristeza. É o reconhecimento da beleza efêmera: beleza e decadência andam juntas, e os japoneses parecem entender isso. A vida é agridoce. Mas cá estou eu começando a tirar conclusões sobre pessoas e árvores de novo. Poderia o "ahhh" ser apenas uma expressão de absoluta abertura? – eu me pergunto.

"Ahhh" surge quando relaxamos os músculos em nossa boca suavemente aberta e deixamos o ar sair de maneira natural. Sem esforço. Por que você não tenta? Pode evocar uma sensação de profundo relaxamento. Não sou a primeira a notar – trata-se de conhecimento antigo. O som *ah* é a sílaba semente em sânscrito para espaço ou ausência de fronteira. Eles dizem em sânscrito que *ah* é inerente a todas as consoantes do alfabeto sânscrito, como as letras *ra*, *sa* ou *ka*. Em outras palavras, as consoantes podem apenas surgir e se mover no espaço de *ah*.

O que os apreciadores de cerejeiras em flor japoneses experimentam quando dizem: "*Sakura*, ahhh..."? Eu não sei. Mas desconfio que tem algo a ver com apreciar a beleza sem objetificá-la – criando espaço na mente para uma experiência plena das coisas.

Potencial puro

A mente é potencial puro – ela não tem limites quanto ao que pode abarcar. Isto significa, é claro, que nós seres humanos não temos limites quanto ao que podemos abarcar, seja isso miserável ou sublime, maldoso ou alegre, feio ou bonito.

Mas esteja atento porque quando paramos de objetificar as coisas e, em vez disso, as admitimos dentro de nossa consciência, não as veremos mais da mesma maneira. As linhas que separam sofrimento e felicidade vão começar a se mover e a desbotar. Podemos passar a ver traços de dor, expectativa e descontentamento naquilo que antes considerávamos apenas "prazeroso". Por outro lado, podemos passar a valorizar aquilo que antes considerávamos "indesejado" como algo que nos faz mais amplos e nos enriquece. E isso pode fazer emergir nossa curiosidade a tal ponto que começamos a nos perguntar: "O que são o sofrimento ou a beleza antes que os objetifiquemos?". Agora, se vamos seriamente começar a nos fazer perguntas como estas, é melhor nos prepararmos para uma mudança... porque é exatamente isto o que acontecerá.

11

Acolhendo a complexidade

Depois de ter lido este último capítulo, meu pai me desafiou dizendo: "Tudo isto soa muito bem, mas há muita gente em caminhos bastante equivocados por aí, motivados por ganância e lucro. Muitas crianças não têm o que comer. Como você acomoda esse tipo de injustiça?".

Eu refleti por um momento... é uma boa pergunta, porque traz ação social e conduta ética para dentro da equação. Ao mesmo tempo, dentro de seu questionamento existe um pressuposto equivocado de que aceitar a natureza sem conserto da condição humana significa passividade ou falta de cuidado e nos desconecta do mundo. Então, reformulei sua pergunta: "Como nós respondemos às situações de forma inteligente e cuidadosa, sabendo que não somos capazes de consertá-las?". Aqui está um koan para você.

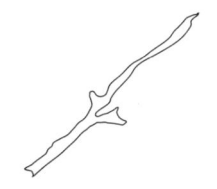

Podemos trabalhar em uma cozinha beneficente, podemos votar, podemos reciclar, podemos adotar animais de rua, assinar petições, levar uma sopa para o vizinho quando ele está doente, oferecer abrigo para aqueles que precisam, derrubar um ditador terrível, expressar amor e cuidado em todas as situações possíveis... e nada poderia ser mais nobre. Mas isso, ainda assim, não mudará o fato de que o mundo das coisas é fundamentalmente inconsertável.

Mahatma Gandhi, o maior proponente da ação não violenta que o mundo já conheceu, dedicou a vida para trabalhar pela independência indiana do Império Britânico. Seu coração e inteligência iluminaram o mundo. Mas observe a Índia e o Paquistão desde a independência... ainda estão em conflito. Isso não reflete fracasso da parte de Mahatma Gandhi. Apenas ilustra que o mundo das coisas nunca alcançará um estado de equilíbrio pacífico. Nunca irá nos satisfazer. Nunca matará nossa sede, mesmo por paz.

Sem conclusão

Por que o mundo não pode alcançar um estado de equilíbrio pacífico? Por que não podemos consertar as coisas? Simplesmente porque não podemos delimitar as coisas... elas são muito complexas.

Minha amiga Kelly diz que, quando ouve o noticiário, se depara com tantas informações contraditórias que não consegue chegar verdadeiramente a uma conclusão sobre nada – uma experiência comum. Normalmente vemos isso como um problema. Nossa inabilidade para chegar a conclusões faz com que nos sintamos ignorantes e perdidos. Sentimo-nos pressionados a desvendar aquilo.

Mas pense: experimentar a complexidade talvez nos traga para mais perto da realidade do que pensar que de fato descobrimos como as coisas funcionam. A certeza falsa não finaliza nada. As coisas seguem movendo-se e mudando. Elas são influenciadas por variáveis incontáveis, guinadas e mudanças... nem sequer por um momento descansando em sua coisitude.

Então talvez devêssemos questionar a exatidão e as limitações desse tipo de falsa certeza. Informações conflitantes apenas nos confundem se estamos tentando chegar a uma conclusão definitiva. Mas se já de saída não estivermos tentando chegar a conclusão alguma – se apenas observarmos e prestarmos atenção – podemos verdadeiramente ter uma leitura mais plena e precisa do que quer que encontremos. Deixe-me dar um exemplo.

No filme *Os últimos passos de um homem* (em inglês, *Dead Man Walking*), Sean Penn interpreta um jovem transtornado que, com seu amigo igualmente transtornado, estupra e mata uma jovem mulher e assassina também seu namorado. O filme o acompanha em sua caminhada para a morte por injeção letal. Enquanto isso, acompanha também os parentes das vítimas: alguns apoiam sua sentença de morte, outros não. Esse filme toma um tema – o difícil assunto da pena capital – e o explora por todos os ângulos. Nunca divide. Nunca deifica ou demoniza ninguém – como a maior parte das produções de Hollywood faz. Nem por um momento chega a qualquer conclusão. Ele simplesmente olha e deixa que você sinta cada ponto de vista. Por ele se recusar a fazer qualquer julgamento dessa forma, percebi que saí do cinema com profunda fé na natureza humana.

A genialidade desse filme está em permitir que o espectador sinta ternura por cada um dos personagens – inclusive o culpado protagonista. Esse tipo de abordagem envolve nossa inteligência mais profunda. Mostra-nos que podemos conhecer as coisas sem reificá-las; que não precisamos escolher um lado para poder acessar nossa inteligência mais perspicaz; que podemos funcionar a partir de uma mente completamente aberta; que, na verdade, nossa inteligência e compaixão aumentam com a receptividade.

Na tradição do Caminho do Meio, uma escola filosófica chamada Prasangika Madhyamika transforma "não escolher um lado" em uma prática. Os proponentes dessa escola nunca fazem afirmações conclusivas ou assumem uma postura doutrinária. Em vez disso, eles questionam as visões de seus oponentes e trazem à tona as falhas e inconsistências de seus argumentos. Como os eruditos Prasangika não chegam a conclusões sobre as coisas, ninguém consegue vencê-los em debate. Mais ainda, seu processo de questionamento leva todos os envolvidos até um lugar de grande abertura e clareza.

Fundamentalismo

Infelizmente, quando nos deparamos com a ambiguidade do mundo, em vez de fazer perguntas, tendemos a nos recolher para dentro do nosso habitat familiar de objetificação. Presumimos que já sabemos como as coisas são e que podemos ignorar incerteza e ambiguidade completamente. Mas observe o quanto essa falsa sensação de segurança apenas nos impede de ter uma compreensão mais ampla e inteligente das coisas.

Chris Hedges, jornalista ganhador do Prêmio Pulitzer que cobriu a guerra na Bósnia, disse ao repórter de uma revista: "Se você reconhece a ambiguidade moral da existência humana e as assustadoras forças irracionais que conduzem seres humanos e sociedades, isso causa ansiedade e neurose. Há sempre uma tentação de se retirar para dentro de 'grupos tribais'... Retirar-se para dentro de grupos tribais é um modo de regressar a um estado de segurança semelhante ao da infância, em vez de se viver como um adulto e enfrentar a ambiguidade".[12]

---

12 Entrevista com Bethany Saltman. Moral Combat: Chris Hedges on War, Faith and Fundamentalism. *The Sun*, n. 396, dez. 2008.

Algumas vezes, quando lutamos para tentar entender o extremismo religioso e ideológico sobre o qual ouvimos no noticiário, nos perguntamos: "Como as pessoas chegaram a esse ponto? Por que elas não se ouvem?". Mas, se quisermos realmente entender isso, tudo o que precisamos fazer é olhar para nós mesmos. Todos nós lutamos com a ambiguidade, e todos temos tendência ao fundamentalismo. Quantas vezes objetificamos pessoas e situações colocando-as em caixinhas: "Ele é desse jeito; ela é desse jeito"? Adotamos atitudes fundamentalistas em relação aos outros quando simplesmente nos recusamos a deixar que eles sejam maiores do que a visão subjetiva e objetificada que temos deles.

Acolher a complexidade libera a mente de emoções perturbadoras associadas a julgamento e fundamentalismo. Quando paramos de objetificar as coisas, não conseguimos sentir senão ternura pelo mundo. A ternura que sentimos quando paramos de objetificar os outros é, de novo, brilhantemente ilustrada em *Os últimos passos de um homem*. Quando somos apresentados à mãe do protagonista e à sua família, subitamente percebemos: "Ah, ele não é apenas um assassino, é um filho e irmão também". Começamos a ver suas vulnerabilidades, o que o influenciou, seus próprios medos e a dor que há em sua inabilidade de encarar a desgraça de suas próprias ações. Porque passamos a ver mais dele, como espectadores somos cativados e ao final testemunhamos seu doloroso e inspirador despertar. E percebemos que se recusar a vê-lo como qualquer coisa a não ser como mau teria apenas nos isolado de nossa própria sabedoria e compaixão.

Estou curiosa para saber o que meu pai vai dizer de minha resposta à sua pergunta. Não surpreendentemente, ela me trouxe de volta, mais uma vez, para o Caminho do Meio e para o fascínio que eu tenho pelo poder de uma pergunta aberta. Mas também me inspirou a clarificar o que eu vejo como um equívoco comum: que perderemos nossa clareza e inteligência se desistirmos de nossos pontos de vista mais fortes. Acreditamos que acolher a complexidade irá nos imobilizar. Enquanto escrevo este livro e contemplo a sabedoria do Darma, enquanto escuto e converso com outros e enquanto observo o mundo ao meu redor, fico mais e mais convencida de que acolher a complexidade traz à tona a profundidade, inteligência e compaixão da nossa humanidade.

12

Com toda a nossa força

Se a condição humana pudesse ser consertada, com certeza o Buda o haveria feito muito tempo atrás. Estou segura de que Madre Teresa ou Mahatma Gandhi teriam decifrado o código. E certamente o Dalai Lama iria se assegurar de que alguma coisa fosse feita. A bondade desconcertante das figuras mais iluminadas da história, tanto do passado quanto do presente, é tal que, apesar de conhecerem a natureza não consertável das coisas, fizeram tudo o que podiam para servir os outros. De fato, elas tentaram com toda a força que tinham.

A especialista em comportamento animal Temple Grandin compreende profundamente a mente dos bichos. Ela atribui esse entendimento ao fato de ter nascido autista. Ela observou que alguns padrões do comportamento animal se assemelham aos padrões mentais, emocionais e físicos que ela e outros indivíduos com autismo experimentam. Ficou bastante conhecida por ter projetado aparatos para currais e abatedouros que reduzem o medo e o estresse do gado. Um radialista[13] perguntou a ela recentemente: "Por que se preocupar em criar condições mais humanas para animais que estão prestes a ser abatidos de qualquer forma?". Srta. Grandin respondeu: "Por nenhum outro motivo a não ser reduzir seu sofrimento".

O que quer que possamos fazer para servir aos outros, em qualquer momento, em qualquer situação, é a prática de *bodhi*, ou despertar. O servir desperta em nós uma generosidade natural, não uma resposta calculada que pesa os prós e contras e decide se vale a pena o esforço ou não. É um assunto do coração. Vemos uma necessidade e naturalmente nos movemos em direção a ela. Shantideva, em *O modo de vida do Bodisatva*, diz que, se nosso cabelo estivesse em chamas, estaríamos obcecados em apagar o fogo. Do mesmo modo, o processo de despertar por meio do servir é a obsessão de um bodisatva.

Grandes aspirações

Uma vez eu dirigi de minha casa em Crestone, Colorado, para buscar meu irmão em Santa Fé, Novo México – uma viagem de cerca de três horas e meia. No caminho parei em um posto de gasolina e vi que o prêmio da loteria estava cotado em cento e setenta milhões de dólares, então comprei um bilhete. Durante a viagem pensei: "O que eu poderia

---

13   Fresh Air. *National Public Radio*, 5 jan. 2009.

fazer com cento e setenta milhões de dólares?". Hummm... Eu poderia apoiar financeiramente membros de minha comunidade espiritual para que eles pudessem praticar meditação e ter condições de trabalhar apenas a serviço do Darma... Eu poderia construir um centro de cura e uma casa de repouso em minha cidade... consertar os estábulos para os cavalos... apoiar meu professor em um retiro longo... patrocinar meu amigo que pinta lindas pinturas devocionais... Três horas e meia depois estava em Santa Fé me sentindo estranhamente revigorada e bem resolvida. Sem perceber, eu não havia dedicado sequer um momento de minha fantasia ao que eu poderia obter para mim mesma. E isto, dei-me conta, explicava por que minha mente se sentia tão relaxada. Rinpoche sempre fala que focar na felicidade dos outros é a mais pura forma de felicidade. O que poderia ser mais verdadeiro?

No caminho do bodisatva fazemos grandes aspirações: "Que eu possa atingir o estado de buda para benefício de todos os seres"; "Que eu possa levar todos os seres à iluminação"; "Que eu possa tomar sobre mim o sofrimento alheio para que os outros experimentem uma vida livre de sofrimento". Algumas vezes dizemos essas coisas sem acreditar nelas. Eu me lembro de um estudante realmente tentando provar, com uma calculadora, a impossibilidade de que todos os seres atinjam a iluminação.

"Podemos ou não podemos?" Este não é o ponto. O ponto é tentar com toda a nossa força. E apenas quando tentamos com toda a nossa força vemos o quanto servir nos afeta, e o quanto afeta os outros... e depois nós entendemos.

Gestos simples

Servir os outros não tem de ser algo grandioso. Conceder um gesto caloroso a alguém que nós nem sequer conhecemos – digamos, no ônibus – pode fazer diferença tremenda para aquela pessoa. Pode trazê-la para fora de um lugar de profundo isolamento. Juntos, compartilhamos um momento de humanidade. Não tem preço.

Em seu filme *Terra do silêncio e da escuridão* (título em inglês, *Land of Silence and Darkness*), Werner Herzog documenta o trabalho de Fini Straubinger, uma mulher surda e cega dedicada a fazer com que outros da comunidade de surdos e cegos saiam de seu estado de profundo recolhimento em solidão. Ela "fala" com eles por meio da tradução tátil – um sistema de comunicação que consiste em bater mais forte ou mais fraco em áreas diferentes da palma da mão. Ao assistir a seu trabalho, nós nos perguntamos: "Como seria ter tão pouca inserção sensorial?". Sem esse tipo de comunicação, pessoas surdas-cegas estariam totalmente isoladas do mundo. Como uma pessoa diz para Fini: "Quando você solta a minha mão, você pode estar a mil milhas de distância".

No filme, Fini faz contato pela primeira vez com Vladimir, de 22 anos de idade, que não apenas é surdo e cego como também tem síndrome de Down. Vladimir não consegue andar, não consegue se comunicar, não consegue nem mesmo se vestir sozinho. Quando somos apresentados a ele, nós o vemos sozinho, fazendo sons e batendo em si mesmo com uma bola. Ele tenta entender o corpo que habita. Tenta entender a si mesmo em relação às outras coisas, no ambiente onde vive. Quando Fini lhe empresta o seu rádio, apesar de não poder ver ou escutar, ele sente a vibração da música e o aperta em seus braços como se estivesse fazendo do rádio uma parte dele. Nós o vemos sair de seu isolamento por aquele breve momento e se tornar parte de algo maior – dessa coisa vibrante, pulsante, energética que tem nos braços. Esse momento único deixa claro para nós a importância da interação humana e do amor. E nos faz refletir: o quanto nós mesmos não nos recolhemos em nossos próprios estados dolorosos de autoabsorção?

A ciência do despertar

Quando oferecemos generosidade para os outros, não apenas aliviamos sua dor, mas também despertamos – saímos do nosso próprio isolamento – no processo. Há uma ciência em servir os outros.

Sempre que visitamos uma grande cidade podemos parar e oferecer dinheiro para os moradores de rua que encontramos. Tão frequentemente vemos as pessoas apressadas, tentando chegar ao seu destino. Mas, quando reservamos um momento para oferecer algo a alguém necessitado e temos uma interação humana, isso muda por completo a atmosfera da nossa mente e também da mente da pessoa. Isso nos tira do piloto automático. Servir os outros é a antítese de se retirar para dentro de si mesmo. É uma mudança energética que nos move em direção ao estado aberto e sem fronteiras da interdependência.

Rinpoche sempre diz que não precisamos nos livrar do eu ou do ego quando fazemos isso. Não temos de mudar em nada a maquiagem básica da nossa mente. Simplesmente precisamos nos fazer grandes o suficiente para incluir outros em nosso desejo de felicidade em vez de focar inteiramente em nós mesmos. Em outras palavras, quanto mais descentralizamos o eu – quanto mais espalhamos nossa riqueza de amor e cuidado –, mais livres e maiores nos tornamos. Descobrimos uma felicidade que não depende de condições e preferências autocentradas.[14]

---

14 Dzigar Kongtrül. *Light Comes Through: Buddist Teaching on Awakening*

Quando servimos os seres com toda a nossa força, nossa aspiração de beneficiá-los nos conduz em direção à verdade maior da interdependência. À medida que nossa sabedoria da interdependência e da natureza sem fronteiras das coisas aumenta, também aumenta nossa compaixão e a tendência a servir. Você vê a relação entre estes dois? Sem a visão mais ampla, nós simplesmente tentaríamos consertar as coisas em nosso mundo limitado e objetificado. E sem a prática do servir, não teríamos como sair desse mundo.

A ciência do despertar não é apenas um princípio budista. É uma experiência compartilhada que reflete as leis de causa e efeito. Quando ouço o noticiário fico normalmente impressionada com as histórias que escuto. Pessoas que experimentaram grande perda e sofrimento naturalmente buscam maneiras de servir os outros. Elas se movem de "eu estou sofrendo" para "o sofrimento existe", e isso inspira nelas o desejo de servir. O amor que inspira esse desejo é o mesmo amor que todos nós temos quando paramos de focar somente em nós mesmos e nos movemos em direção à verdade da interdependência.

"Melhor, então", como meu professor diz, "nos tornarmos os protetores de nossos irmãos e irmãs". Melhor, então, que eles se tornem o objeto de nossa compreensão e amor. Melhor, então, que

---

to Our Natural Inteligence. Boston: Shambhala Publications, 2008.

cuidemos deles como sendo nossos meios para despertar para a grande interdependência das coisas além de eu e outro.

Engajamento

Nós normalmente pensamos em engajamento como ativismo social. O que chamamos de "budismo engajado" é o budismo que adota uma causa. Mas o caminho budista é, por sua própria natureza, um caminho de engajamento. Quando nos tornamos grandes o suficiente para incluir todos os seres em nosso amor e cuidado – quando acomodamos tudo – nos engajamos completamente com o mundo. Estamos bem ali com todo mundo e todas as coisas.

Nosso nível de engajamento não depende necessariamente da quantidade de ação social que nós realizamos. Podemos servir outros sendo totalmente desengajados e envolvidos apenas com nós mesmos, e neste caso nossas ações serão fracas. Ou podemos estar totalmente engajados sentando sozinhos em uma pequena cabana de retiro. Pessoas que fizeram retiros longos com frequência falam dessa experiência. Quando estabelecem suas fronteiras no começo do retiro, elas se sentem isoladas. Há uma sensação de tentar manter o mundo fora. Mais tarde, uma grande solidão se apresenta. Porém, em vez de se sentirem deprimidas por essa solidão, elas se sentem tocadas, no fundo do coração, por um sentimento de proximidade com outros seres, como se o universo inteiro de seres estivesse sentado bem a seu lado naquela pequena cabana.

Algumas pessoas pensam que a prática de retiro é apenas outra maneira de se afastar do mundo, e eu acredito que pode ser. Mas se considerarmos quanto tempo gastamos correndo de um lado para o outro, distraídos, pensando apenas em nós mesmos, talvez isso nos faça pensar... talvez ficar sozinho e refletir profundamente sobre a natureza das coisas seja algo realmente corajoso e nobre de se fazer. Eu pessoalmente encontro alívio no fato de que há pessoas neste mundo comprometidas com esse tipo de despertar.

O ponto é que o engajamento acontece quando as barreiras artificiais entre eu e outro, meu retiro e o mundo exterior, dentro e fora, começam a desaparecer. O engajamento leva-nos para além dos extremos da complacência ou de tentar consertar as coisas, e demanda a coragem e a presença da mente do Caminho do Meio. A maior bondade que temos para oferecer aos outros é não nos fecharmos dentro de nós mesmos.

13

A atividade da objetificação

Este é o jogo: quanto mais o eu se expande para incluir os outros, mais bondade, compaixão e compreensão nós experimentamos. Quanto mais fixados às coisas ficamos, mais confusão, perturbação emocional e conflitos experimentamos. Você já percebeu que, quando está com raiva de alguém, sempre sustenta uma visão estreita e estática dessa pessoa? Ela é "a pessoa que fez...".

Apego, ciúme e agressão apenas funcionam quando objetificamos coisas. É por esta razão que soldados em combate são treinados para sustentar imagens estáticas e negativas do "inimigo". Como podemos matar alguém quando enxergamos sua humanidade? Como podemos odiar alguém quando o olhamos cara a cara, quando sabemos que ele é filho, pai ou irmão de alguém?

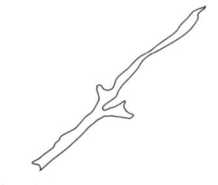

Como podemos ter apego quando vemos a dimensionalidade de um objeto – quando ele se torna mais do que apenas "aquilo que queremos"? O grande propósito da publicidade é fazer com que as pessoas queiram uma coisa apresentando apenas um lado dela. Se alguém dissesse: "Ei, este é um carro muito legal. Veja como ele está polido e quanto ele corre. Mas consome bastante combustível, e você pode ter certeza de que esse painel de controle dará problema em um par de anos. Ah, e o sistema elétrico às vezes para de funcionar depois de trinta mil milhas rodadas" – isso muito provavelmente reduziria nosso apego à compra do carro.

Quando objetificamos as coisas, não levamos em consideração as consequências de tentar obtê-las: as consequências tributárias, as consequências emocionais, as consequências que isso pode ter para outros. Quando vemos as coisas desse modo limitado, nos tornamos vulneráveis a nada mais do que brigas, dor e confusão. Este exemplo ilustra os perigos da ignorância – a ignorância de não ser capaz de tolerar a interdependência e a natureza sem fronteiras das coisas.

O big bang

Por dentro do fluido e inefável estado da ausência de fronteiras, a mente que conhece experimenta uma agitação... uma espécie de desconforto. De algum modo, não é suficiente apenas descansar na natureza da ausência de fronteiras desse desconforto. O conhecedor desse desconforto então age e deixa o estado aberto para se tornar o fazedor ou "sujeito". E o que sujeitos fazem? Eles definem, seduzem, rejeitam ou lutam com objetos. E essa troca dinâmica entre sujeito e objeto cria intensa fricção e calor, que ativa uma espécie de *big bang*. O mundo inteiro da objetificação explode em ação.

O mundo como comumente o conhecemos é simplesmente a expressão dessa incompreensão básica ou da intolerância da qualidade da ausência de fronteiras. Essa incompreensão entra em cena a cada momento em que damos as costas à plenitude das experiências para chegar a conclusões sobre as coisas. Quando continuamos a ora empurrar as coisas para longe, ora a puxá-las para mais perto de nós, estamos encenando o drama que chamamos de "nossa vida". Tradicionalmente, chamamos a energia por trás desse drama de "carma".

Carma é uma palavra ardilosa. É popularmente usada para descrever algo como um "plano divino" que inclui seu próprio sistema de punição e recompensa. Mas a palavra sânscrita *karma* simplesmente significa atividade. Qual atividade estamos descrevendo aqui? É a atividade da objetificação. Não há nenhum Dr. Diabólico sentado em uma grande poltrona, alisando seu gato e controlando nosso carma. Não há nenhum juiz, nenhum velho sábio com uma longa barba branca, nenhuma lista de "acertos" e "equívocos" éticos. O carma não predetermina nada. Na verdade, carma é apenas o movimento da experiência objetificada. O carma é a lei natural e impessoal de causa e efeito. Enquanto objetificarmos as coisas, continuaremos a viver em um mundo que segue os ditames do carma.

Neste mundo, sujeitos correm por aí tentando obter aquilo que querem. Eles tentam não obter aquilo que não querem. Algumas vezes obtêm o que querem... mas aquilo se revela como o que eles não querem... especialmente quando compram pela internet. Ocasionalmente, graças a Deus, sujeitos também encontram situações nas quais obtêm o que não queriam, mas depois descobrem que aquilo era o que eles queriam, no final das contas.

Mas a questão aqui é que há um montão de preferências neste mundo, um monte de medos e esperanças, muito empurra e puxa com nossos pensamentos e emoções, com pessoas e coisas materiais. Conflito se inicia. Guerra se inicia. Mais e mais incompreensão ocorre, o que cria um universo objetificado, samsara... o universo que Nagarjuna descreveu como "o mais incrível de todos os espetáculos"[15].

---

15 Samsara ('khor ba) literalmente significa "mover-se em círculos" ou "dar voltas e voltas". É o processo repetitivo que surge de nossa tendência contínua de deixar o estado aberto da ausência de fronteiras, e agarrar-se a e rejeitar objetos. Então por que Nagarjuna o chama de "espetáculo"? Porque do ponto de vista de alguém como Nagarjuna, que habita a qualidade da ausência de fronteiras trata-se de uma incompreensão elaborada e aguda.

Outro

O mundo que nós objetificamos é uma existência imaginária e semelhante ao sonho, mas ainda assim tem regras. E, quanto mais espertos nos tornamos em relação a essas regras, mais habilmente podemos funcionar dentro de nossa delusão – inclusive para encontrar um modo de sair dela. Em outras palavras, cabe a nós entendermos as regras do carma, porque a maneira pela qual respondemos ao mundo das coisas pode criar uma grande bagunça – ou pode criar as causas e condições para o nosso despertar.

As regras do carma funcionam assim: quanto mais fervorosamente criarmos fronteiras artificiais dentro da ausência de fronteiras, mais nos debateremos em nosso reino de coisas que não têm conserto. Quanto mais nos expandimos para acomodar as coisas, mais suaves se tornam as fronteiras do eu e do outro e vamos nos aproximando da qualidade da ausência de fronteiras. Uma postura nos mantém no escuro; a outra nos move para fora do escuro. Uma cria sofrimento; a outra revela as qualidades naturais do amor, compaixão e compreensão que são liberadas quando despertamos para a interdependência. Algumas vezes chamamos isso de criação de carma negativo e positivo. Mas entenda que ações apenas são "positivas" ou "negativas" dependendo de como funcionam no que se refere a nos aproximar de um sentido de bem-estar e da verdade da ausência de fronteiras. Exceto pela maneira como funcionam, como todas as coisas, elas não possuem nenhuma verdade inerente ou estática.

Uma vez que dentro da verdade da incoisitude não há carma algum, nem atividades negativas ou positivas, pela ausência de fronteiras, o que faz o que a quê? Quem fica com raiva de quem ou quem tenta beneficiar quem? Tudo é trabalho em andamento. A evidência nunca está totalmente presente. Os dados estão incompletos. Quanto mais abertura e curiosidade nós temos em relação às coisas, mais clareza e flexibilidade surge na mente. Agressividade e apego perdem seu apelo quando começamos a ver a amplitude e a profundidade das coisas. Nós nos distanciamos de um estado contraído e congelado de vê-las como um inimigo ou como algo a ser obtido e nos movemos em direção à misteriosa e líquida verdade da interdependência, em que sabemos fazer algo melhor do que chegar a conclusões definitivas sobre qualquer coisa.

Eu falei muito sobre o Caminho do Meio e sobre ir além dos extremos dualistas de um eu e um outro objetificados. Mas, curiosamente, quando funcionamos dentro de nosso imaginário mundo das coisas, é o "outro" que nos leva para fora de nosso esconderijo e nos conduz em direção a uma visão maior – a visão além de todas as fronteiras artificiais.

Elizabeth Mattis-Namgyel

14

Acordos não ditos

Se as coisas são verdadeiramente sem fronteiras, então como explicamos o fato de que nós humanos vemos as coisas de modo semelhante? Concordamos que dinheiro é papel, que é melhor mastigar com a boca fechada e que devemos aguardar na fila quando estamos nos correios. Algumas vezes concordamos em ser ignorantes – como em nosso acordo em fingir que não vamos morrer. E concordamos que as coisas são como as chamamos – não misturamos maçãs e laranjas. Concordamos em navegar o mundo juntos dessa forma. Humanos têm todo tipo de acordos: globais, familiares e pessoais.

Por exemplo, em algum momento, alguém decidiu que deveríamos dirigir pelo lado direito da via nos Estados Unidos. E no centro dessas estradas eles pintaram linhas amarelas separando os motoristas que iam em direções opostas. Instalaram postes com sinais luminosos que mudam entre vermelho, verde e amarelo em cada cruzamento e espalharam pelo mundo a notícia de que vermelho significa "pare", verde significa "siga" e amarelo significa "siga com atenção", a fim de prevenir acidentes. Concordamos com isso a maior parte do tempo porque queremos chegar a nosso destino e sobreviver. E confiamos que todas as outras pessoas querem sobreviver também. É o nosso pacto de direção não dito.

Famílias também têm pactos. Enquanto crescemos, os valores particulares de nossas famílias modelam nossa ideia sobre como as coisas deveriam ser: por exemplo, como um casamento deveria ser ou o que uma pessoa bem-sucedida deveria fazer. Esses valores influenciam as nossas muitas escolhas na vida, como que religião seguir ou em que diretrizes éticas devemos basear nossas ações. Tais diretrizes podem nos apoiar, mas algumas vezes podem não ser saudáveis. Algumas vezes temos de romper com esses acordos para poder crescer.

O acordo sobre a realidade

O acordo mais traiçoeiro que fazemos é de que as coisas são reais, que nós somos reais e que o empurra e puxa que temos com o mundo das coisas é real também. Não se trata apenas de um acordo que temos com os outros, mas sim de um profundo acordo não dito que temos com nós mesmos. Em nossa busca por segurança, decidimos tentar encontrar uma base em um mundo que nunca é fixo e está sempre aberto à interpretação. Podemos dizer que essa decisão não é completamente consciente – mas, de todo modo, é uma decisão. Se olhamos ao redor, talvez notemos que todo mundo é guiado por um senso de realidade.

Ainda assim, o que concordamos ser real ou irreal é um tanto ambíguo. Desde pequenos ouvimos, por exemplo, que é melhor que usemos o fio dental, porque nossos dentes são reais, mas, pobres de nós, descobrimos que a fada dos dentes não existe. Acreditamos que nossas ideias e percepções são reais, mas nossos sonhos não. Rochas devem certamente ser reais, porque são pesadas e densas, mas quanto às coisas etéreas, como neblina e as bolhas da espuma do mar, não temos tanta certeza. As emoções definitivamente parecem reais, porque tendem a nos dominar quando as sentimos. E em todas aquelas coisas invisíveis da ciência, como átomos, nós meio que acreditamos porque um monte de gente bem informada nos diz que são verdadeiras. Há muitas mensagens misturadas. Podemos encontrar a linha divisória entre real e irreal? Muitas pessoas ao longo da história refletiram sobre isso.

Navegando em incoisitude

O fato de culturas ou famílias estabelecerem seus próprios acordos prova que não há nenhuma realidade inerente em pactos não ditos. Por exemplo, as pessoas da Índia organizaram suas estradas e leis de trânsito de modo completamente diferente daquelas dos Estados Unidos. Se você dirigir na Índia, pode simplesmente fazer o que quiser, mas tem de buzinar bastante para avisar todo mundo de que você está ali. E há um acordo não dito de que o maior veículo pode passar primeiro: caminhões na frente de carros, carros na frente de pessoas (e, claro, vacas na frente de tudo). Indianos concordam em relaxar e deixar a coisa rolar. O povo indiano sabe como navegar no caos, o que cria uma inacreditável ordem na vida. É isso que nós ocidentais achamos tão intrigante quando vamos lá.

Vemos ao nosso redor uma variedade ilimitada de acordos, que sugerem que eles são todos bastante arbitrários. De fato, o mundo que nós objetificamos existe apenas com base em acordos. Não há um único jeito. Não há um só jeito de ser, nem um sistema de trânsito inerentemente correto, nem um modo fixo de viver a vida. Ao mesmo tempo, para que possamos viver juntos, precisamos de consenso.

Não acredite em tudo o que você pensa

Temos momentos difíceis ao imergir nossas mentes na ausência de fronteiras. Uma das mais comuns confusões sobre o Caminho do Meio é como funcionar dentro da incoisitude. Se nada tem fronteira, o que impede que tudo simplesmente se dissolva dentro do espaço sem fronteiras? Se a mesa não é real, onde coloco minha xícara irreal?

Na verdade, a pergunta sobre a realidade das coisas não pode ser respondida por meio da especulação intelectual. É uma pergunta simples e apenas pode ser respondida a partir da experiência direta. Podemos ver, se dedicarmos realmente um tempo para isso, que as coisas mudam e se movem e não podemos segurá-las. Ainda assim, damos um jeito de pagar a conta de telefone, ganhar a vida de algum modo e falar em um idioma que comunica o que estamos pensando. Parece não haver conflito real entre fazer acordos e conhecer a natureza sem fronteira das coisas.

Quando falo sobre ausência de fronteiras, não estou colocando o valor do mundo-dos-acordos em xeque. Nem estou questionando a importância de nossas ações. O que estou sugerindo é que questionemos a realidade das coisas em si. Precisamos conceder realidade objetiva às coisas para que elas possam funcionar?

Na porta de sua cabine de retiro, Rinpoche colocou um grande adesivo amarelo e preto, no qual se lê: "Não acredite em tudo o que você pensa", apenas para relembrar qualquer um que entre que não deve dar ao mundo das coisas o valor que ele parece ter. Não há nada de inalcançável ou esotérico nessa instrução. É simples. Basta lembrarmos que todas as coisas são destituídas das próprias coisas... ainda que todas importem.

Elizabeth Mattis-Namgyel

A cultura da verdade

Muitos anos atrás, no Nepal, quando eu era uma jovem recém-casada atrapalhada, tentando me encaixar em minha nova família tibetana, minha sogra me deu alguns conselhos que mudaram minha visão sobre a prática espiritual.

Mas, antes que conte o que ela disse, devo explicar que Mayum Tsewang Palden, a mãe de Kongtrül Rinpoche, não era uma mulher comum. Ela era uma experiente praticante do Darma[16], uma verdadeira ioguini[17]. O que ela me disse não era nada trivial. Suas palavras vieram de sua experiência, e foram as seguintes: "Você não tem de se tornar uma tibetana. Você não tem de ser uma ingie.[18] Apenas conheça sua própria mente".

---

16   (Tibetan, Ch'os) os ensinamentos do Buda que conduzem à iluminação.
17   Ioguini (sânscrito; raiz masculina, *yogin* ou iogue, em português) é o termo que define uma praticante de meditação do sexo feminino que decidiu dedicar sua vida à realização espiritual.
18   Termo tibetano para estrangeiros, especificamente ocidentais.

Essas palavras de carinho apontaram-me a direção da prática verdadeira. Elas me levaram além das formas culturais estrangeiras com as quais eu estava me debatendo e me ajudaram a superar as ideias complexas e ingênuas que eu tinha sobre ser uma praticante espiritual.

Perguntas humanas básicas

Quando estudamos a vida do Buda, vemos que todas as perguntas que ele fez tinham a ver com conhecer a mente. Ele questionou a natureza dos pensamentos e das emoções; ele queria saber as causas e condições para a felicidade e o sofrimento; ele queria ir fundo nas coisas. O caminho que o Buda ensinou tinha a ver com essas perguntas humanas básicas. Não são perguntas tibetanas, perguntas indianas ou perguntas americanas. Elas estão além da cultura e além do tempo.

O Buda não era um rebelde social. Sua presença não causava qualquer tumulto. Na verdade, ele trazia paz a cada situação, e sua conduta era sempre compassiva e em harmonia com a linguagem das pessoas. Ainda assim, o Buda não poderia ter sido mais radical. Sua verdade era a da natureza da ausência de fronteiras, o que significa que ele não aderia aos acordos consensuais que todos compartilhamos sobre o que é real.

A cultura da verdade

Neste mundo em que vivemos, tudo parece real: nossos acordos culturais parecem reais, nossos pensamentos parecem reais, nossa raiva e nosso medo parecem reais. O Buda desafiou a noção do que é real por meio de sua investigação, que revelou a natureza da ausência de fronteiras das coisas.

Se nos dermos conta de quão entrincheirados estamos na realidade, o quanto nós objetificamos a experiência, iremos entender o valor da sabedoria do Buda. Sem ela, como poderíamos nos libertar das poderosas compreensões equivocadas que temos sobre a mente e a realidade? Como poderíamos quebrar nosso hábito de fugir da natureza plena e sem fronteiras das coisas? Como poderíamos chegar a conhecer nossa mente?

Quando, assim como o Buda, começamos a considerar que as coisas não são o que parecem ser, nos juntamos a uma linhagem de pessoas – uma cultura da verdade – que aspiram transcender uma visão limitada da realidade. Isso é excitante, você não acha? Imagine viver em uma cultura que não se baseie em visões fixas. Imagine atividades que não se originem de "eu sou" – nem mesmo "eu sou budista", ou "eu sou um membro da cultura da verdade", ou "eu sou indiano, tibetano ou americano". Desde o tempo do Buda, a cultura de enxergar além da aparência das coisas tem trazido liberdade aos seus cidadãos.

Explicando o darma para nós mesmos

Tendo dito isto, algumas perguntas permanecem: O que fazemos com toda a imagética budista que encontramos? As palavras estrangeiras? As nuances culturais? Como nos relacionamos com nossas perguntas humanas básicas? O que elas têm a ver com conhecer a mente?

Para ingressar na cultura da verdade, não temos de dispensar a sabedoria de qualquer cultura ou tradição. Por exemplo, eu sempre me comovo quando penso naquilo que moveu os grandes reis tibetanos a trazerem o Darma da Índia para o Tibete. O rei do Darma Songtsen Gampo enviou emissários para a nobre terra da Índia a fim de criar um idioma escrito baseado no sânscrito que expressasse o significado do Darma de forma precisa. Ele fez isso graças ao afeto que sentia pela fonte dos ensinamentos – ensinamentos que depois despertariam muitos iogues e ioguinis do Tibete. Podemos apreciar a via pela qual nossa linhagem de sabedoria chegou até nós – tenha sido pela via Zen, a via tibetana ou a via indiana. Devemos estar atentos, no entanto, para não transformar esse apreço em rejeição à cultura na qual crescemos. Simplesmente precisamos discernir quais valores apoiam nosso caminho – como generosidade, bondade e paciência – e quais não. Seja qual for a linhagem de ensinamentos que encontremos, ela nos ajudará a afinar nossa capacidade de discernir e fazer escolhas claras sobre nosso desenvolvimento espiritual.

Uma vez que os ensinamentos do Darma falam diretamente à nossa própria experiência, quão estrangeiros eles podem ser? Aliás, quão nativos são nossos próprios valores culturais e ideias? Nascemos nus e nossos pais nos vestiram com a cultura com a qual crescemos, então, de alguma forma, algo só é nativo para nós quando o tornamos pessoal, quando o tornamos algo que nos sirva de alguma maneira.

Quando os ensinamentos em si começam a parecer estrangeiros ou pouco familiares devemos nos voltar para a cultura da verdade. Podemos falar sobre um novo budismo americano, ou uma cultura budista moderna – mas o que pode ser novo sobre a mente? O que pode haver de novo em relação à felicidade, ao sofrimento, à compaixão ou à liberação? Então a pergunta que precisamos fazer é: como é o Darma *não* estrangeiro?

A busca por esta resposta é um processo pessoal, e como a fazemos diz respeito somente a nós mesmos. Mas, quando começamos a fazer esta pergunta, nós vamos ver os ensinamentos nos animando, nos estimulando, nos acordando e ganhando vida através de nós. E então entenderemos que não é só como o Darma é explicado para nós que é importante, mas como nós explicamos o Darma para nós mesmos. Esse é o nosso trabalho.

16

Aproveite o banquete

Quando nossa tendência habitual de objetificar as coisas relaxa, podemos enxergar a verdade da ausência de fronteiras. Chamamos a ausência de fronteiras de "verdade" porque, quando despimos a natureza das coisas de tudo o que não lhe pertence – todo exagero, negação, acordos não ditos e valores culturais –, isto é o que veremos. Podemos dizer que o mundo que objetificamos é uma verdade também, simplesmente porque nós, de fato, experimentamos a dor e o prazer do mundo, tropeçando, machucando o dedo e assim por diante. Bastante justo. Inclusive, há um debate escolástico sobre se o mundo das coisas merece ou não ser chamado de verdade. Mas, como discutimos, apenas porque experimentamos alguma coisa não significa que ela tenha parâmetros; não significa que podemos chegar a conclusões sobre ela ou encontrar nela qualquer traço de realidade.

O grande erudito do Caminho do Meio, Chandrakirti[19], tinha algo a dizer sobre tudo isso.

Ele argumentou que, uma vez que não conseguimos encontrar realidade no mundo das coisas, só pode haver realmente uma verdade, a verdade da ausência de fronteiras. Eu gosto dessa maneira de olhar para as coisas.

Uma verdade não significa que tudo é um. Já superamos isso. Se tudo fosse um, como se explicaria a variedade impressionante de aparências que vemos ao nosso redor? Uma verdade significa que todas as coisas são iguais em sua natureza ausente de fronteiras. Então, quer as coisas sejam feitas pelo homem ou intocadas por nós, orgânicas ou pulverizadas, de madeira ou de plástico, minerais ou químicas, prazerosas ou dolorosas, limpas ou sujas, quando as examinamos não conseguimos encontrar parâmetros. Desse modo, todas as coisas são iguais em sua natureza.

Aproveite o banquete

Quando trazemos a compreensão de que todas as coisas são iguais para dentro do reino da prática, tradicionalmente chamamos essa experiência de

---

19 Chandrakirti foi um renomado mestre indiano do século VII conhecido por sua explicação dos ensinamentos de Nagarjuna sobre o Caminho do Meio: *Versos sobre o Caminho do Meio (Mulamadhyamaka-karikas)*. O comentário de Chandrakirti, Introdução ao Caminho do Meio (em sânscrito, *Madhyamakavatara*), é um dos mais reverenciados e influentes textos dentre os produzidos por estudiosos do Caminho do Meio.

"um só sabor". Temos maneiras formais de praticar um só sabor no contexto da tradição Vajrayana[20]. Em nossa comunidade, os membros se reúnem duas vezes por mês para fazer a prática do banquete. A ênfase na prática do banquete é experimentar e aproveitar a natureza plena e ausente de fronteiras das coisas como "um só sabor". Uma parte dessa prática inclui um ritual de oferenda de comida. Os estudantes preparam grandes bandejas com frutas e uma variedade de comidas deliciosas, que eles oferecem aos budas e bodisatvas. Depois o texto nos instrui a "Desfrutar do banquete".

Que prática fácil, não é? Justamente o contrário. Com todos os nossos desejos e preferências, como realmente apreciamos a comida? E não apenas isso: com todos os nossos hábitos de objetificação, como apreciamos a comida com um só sabor? Esta prática, no começo, leva a maior parte das pessoas a certo nervosismo... Um só sabor significa que devemos jogar todo o discernimento pela janela e fingir que toda comida tem o mesmo sabor? Significa que,

---

20   O Vajrayana (sânscrito), ou "veículo indestrutível", é o estágio mais desenvolvido na evolução da prática do budismo. Consiste majoritariamente em instruções orais e secretas passadas de professor para aluno. As práticas do Vajrayana são o mais efetivo caminho para o despertar, porque seu objetivo não é purificar a mente e seu confuso mundo de objetificação, mas, ao contrário, trazem todas as experiências para dentro do caminho sem as preferências e julgamentos do pensamento ordinário. A prática de um só sabor, como descrita aqui, exemplifica essa abordagem.

porque estamos de olho no pacote de Negresco, devemos nos contrapor a isso pegando modestamente uma maçã da bandeja quando ela passa por nós, suprimindo nosso desejo? Ou significa que podemos ceder ao nosso desejo por qualquer coisa? E se não quisermos comer o bolo Bauducco que está em nosso prato?

Como você pode ver, um só sabor não funciona no mundo que nós objetificamos. O mundo da objetificação é marcado por preferências: o cabo de guerra entre o desejado e o indesejado. A compreensão que cultivamos por meio dessa prática nos leva a uma visão mais ampla da experiência – uma experiência livre de tais confusões.

Ria se quiser, mas a verdade é que mesmo um biscoito Negresco não tem coisitude, ele é escorregadio, não encontrável e infinito. Negrescos também são parte da grande interdependência das coisas. Então, antes de simplesmente mergulhar dentro de uma bandeja de Negrescos, por que não reservar uns momentos e se perguntar: Como este Negresco chegou aqui? Quem esteve envolvido nisso? De onde vieram todos os ingredientes que participaram da preparação deste Negresco? Como era a plantação de cana-de-açúcar? Em que tipo de clima a cana-de-açúcar se desenvolve? Que elementos são necessários para que ela cresça? Quem cortou a cana-de-açúcar e como ela foi processada?

Que instrumentos eles usaram? Quem fabrica esses sabores e cores artificiais? Como eles conseguem colocar o creme no meio sem quebrar a parte de chocolate? E quanto ao caminhão que envia os pacotes para o depósito e o combustível que torna isso possível – quem está envolvido nisso?

Subitamente um biscoito Negresco parece consideravelmente diferente. Não é mais apenas essa coisa pequena e redonda do tamanho de uma mordida. Na verdade, ele não tem fronteira. Quando fazemos um banquete, celebramos a plenitude e a abundância da qualidade da ausência de fronteiras. Desfrutamos da experiência de conhecer as coisas sem objetificá-las ou defini-las de um modo limitante ou estreito. Este é o deleite verdadeiro.

Deleite além de preferência

Deleite verdadeiro não tem nada a ver com prazer em oposição a dor, delicioso em oposição a asqueroso, bom em oposição a mau. É a experiência de incluir e apreciar a natureza mágica e não localizável de todas as aparências – mesmo das aparências que nos desafiam, como doença ou depressão.

Rinpoche certa vez se referiu à depressão como "êxtase das *dakinis*". O que isso significa?

Na iconografia budista tradicional, uma dakini é retratada como um ser de sabedoria feminino. Mas ela também tem uma manifestação mais sutil.

Dakini refere-se à natureza elementar de todas as coisas. Então, o êxtase das dakinis refere-se à experiência de ter prazer com a natureza sem fronteira de todas as coisas. Quando não objetificamos a depressão – ou qualquer outra experiência, como a comida – nós encontramos seu verdadeiro modo de existência, nu, profundo e infinito. Enxergar a verdade sem fronteira das coisas é êxtase, porque nos libera da luta com o que queremos e o que não queremos, e das esperanças e medos que surgem das nossas preferências. Desfrutar do êxtase das dakinis é a prática Vajrayana de um só sabor, e ela nos leva além dos limites do nosso eu-só-como-comida-vegana ou eu-só-como-comida-orgânica, ou do nosso eu-quero-isso ou eu-não-quero-aquilo.

Eu imagino que algumas questões possam surgir aqui: Descansar na natureza sem fronteiras de um só sabor significa rejeitar nossa habilidade de discernimento? Desfrutar do êxtase das dakinis significa reduzir a manifestação abundante da experiência a uma neutralidade sem sabor e sem graça? Significa que devemos comer todos os bolinhos Bauducco mesmo que eles nos provoquem dor de barriga? Com certeza não. Na verdade, há muitas dakinis de diferentes cores: vermelhas, verdes e amarelas. Em outras palavras, a expressão infinita também está aí para que a desfrutemos. E, ao navegarmos o mundo da expressão infinita, nossa habilidade de discriminação é o que torna possível levarmos uma vida sã a serviço dos outros. Essa habilidade de discernir é um dos nossos maiores dons. O ponto é discernir e desfrutar da variedade de coisas com uma visão mais ampla. Nossa mente tem a capacidade de fazer ambas as coisas sem contradição.

Olhemos para a mecânica da visão para que possamos entender a ideia de "visão mais ampla". Temos uma visão periférica e uma visão focalizada. Podemos, por exemplo, ver um céu aberto e vasto, bem como as nuvens, pássaros e aviões que se movem através dele. Podemos ver grande e pequeno ao mesmo tempo. Essas duas habilidades funcionam juntas, de maneira interdependente. Quanto mais relaxamos nossa visão periférica, mais claro se torna nosso foco. E, quanto menos nos esforçarmos para ver detalhes, mais ampla torna-se a lente. Isso deveria ser bastante óbvio. Quando suavizamos e relaxamos, nós funcionamos melhor em todas as áreas da nossa vida. Se nossos olhos estão relaxados, eles naturalmente escolhem imagens sem que tenhamos de fazer nada, do mesmo modo que formas refletidas em um lago plácido e claro.

Os textos tradicionais Vajrayana explicam as duas sabedorias dos budas: a sabedoria que vê a natureza sem fronteiras das coisas e a sabedoria que conhece a multiplicidade ou variedade de aparências e como elas surgem e desaparecem por meio de causas e condições.

Essas duas sabedorias nos conectam à riqueza do mundo e à nossa habilidade de desfrutar dela.

Quando desfrutam da expressão infinita e sem fronteiras das coisas, costumamos ouvir os grandes seres exclamarem: *"Emaho!"*, "Isto é incrível!". Suponho que seja porque não estão mais lutando com as coisas. Para eles, todas as coisas são simplesmente parte do grande banquete da experiência... simplesmente estão ali para serem desfrutadas.

Digerindo a experiência

Quando estudamos a vida do Buda, percebemos que ele fez perguntas humanas básicas sobre felicidade, sofrimento, liberdade do sofrimento, compaixão, interdependência, morte, vida e a natureza das coisas. Mas, se reduzíssemos todas essas questões a uma única pergunta essencial, talvez chegássemos a algo assim: como devemos assimilar o mundo das "coisas"? Ou seja, como processamos o fluxo contínuo de acontecimentos que surgem nas nossas vidas? Como digerimos as experiências?

Quando comemos, nós ingerimos, processamos e eliminamos comida. Nossos corpos usam a comida como combustível para a vida e eliminam aquilo que não é mais útil. Seria ótimo poder afirmar que digerimos nossas experiências com a mesma facilidade. Mas há algo a respeito de sermos humanos que faz com que isso não nos aconteça naturalmente. Parece que não conseguimos assimilar a experiência, deixar que ela trabalhe em nós e depois deixá-la ir. Ou nós nos recusamos a ingerir a experiência – e nesse caso nossa vida não nos nutre – ou nos agarramos à experiência até que ela se torne tóxica. A luta que travamos com a experiência nos dá indigestão mental e emocional. Nossa relação com a experiência é sempre de luta contra o mundo – rejeitar o que não é desejado, tentar consertar as coisas e criar estratégias para vivermos à margem da experiência.

Uma vez alguém perguntou a Dzigar Kongtrül Rinpoche se ele tinha medo de morrer. Ele respondeu que tinha mais medo de viver uma vida negligenciando a si mesmo. O que eu acho que ele quis dizer é que a vida se apresenta para nós, mas comumente preferimos viver em fantasia. Preferimos não ingerir nossa experiência – comer nossa vida – da maneira como ela se apresenta para nós. Preferimos ser outra pessoa, em outro lugar, tendo uma experiência diferente da que temos agora. Podemos nos perguntar: por que deveríamos acolher a vida de forma integral? Isso significa ingerir tristeza, incerteza e medo. Por que não podemos acolher apenas aquilo que nos deixa confortáveis? Essa atitude em relação à nossa experiência explicita a luta que travamos com nosso mundo.

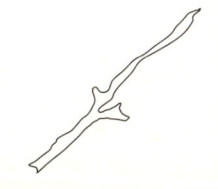

Não há vida sem experiência. Vida e experiência são sinônimos. A vida simplesmente se revela, então não podemos rejeitar a experiência do mesmo modo que fazemos com comida. Mas podemos lutar contra ela com unhas e dentes. E é disso que estou falando aqui. Podemos escutar o noticiário e não ouvir realmente os nomes dos soldados que morreram no Iraque naquele dia. Podemos culpar os outros por todo conflito em nossas vidas e nunca aprender a fazer uma autorreflexão e a resolver uma situação de maneira criativa. Podemos descarregar nossas emoções por todos os lados – e ao fazer isso podemos talvez imaginar que estamos respondendo diretamente à vida. Mas realmente deixamos a vida entrar desse jeito? Ou, ao reagir, apenas mantemos nossa vida longe? E se mantemos nossa vida a certa distância, como ela poderá nos nutrir? Como ela poderá mover-se através de nós? Como poderemos absorvê-la e deixar que sua magia entre em cena?

Quando olhamos para qualquer um dos mestres realizados da linhagem da nossa tradição, nunca os vemos lutando com indigestões conceituais e emocionais do jeito que fazemos. Eles absorvem todas as experiências como um só sabor, utilizando tudo como comida para a realização. A experiência se move através de seus corpos, através de sua consciência, e os nutre. Os grandes mestres estão sempre "comendo", e o que quer que eles comam gera energia, inteligência e compaixão ilimitadas. No final das contas, a realização da prática nada mais é do que aprender a ser natural com nossa experiência

– não muito diferente da habilidade natural do corpo de digerir comida.

Como praticantes, talvez nos questionemos: como seria ser tão natural, tão comum? Devemos nos fazer essa pergunta várias e várias vezes, porque ela extermina todas as fantasias fofas que temos sobre a espiritualidade; toda a ânsia para que algo especial aconteça; toda a excitação que sentimos quando algo inexplicável ocorre; toda a frustração que encontramos quando nada de especial surge em nosso caminho. Isto nos direciona para o objetivo da prática: encontrar contentamento em ser completamente humano, natural e comum.

O marco da não criação

A primeira instrução de prática que Rinpoche me deu foi: "Não crie". Ele me disse: "Deixe sua mente em seu estado natural – não faça nada. Quando pensamentos e sensações surgirem, apenas deixe que surjam. Quando eles se forem, apenas os deixe ir. Não tente manipulá-los". E depois partiu para o Tibete por seis meses...

A instrução do meu professor – "Não crie" – se apresentou para mim como um koan: se o mundo da nossa criação acontece por meio do processo de objetificação, o que acontece quando paramos de objetificar? Se apenas deixarmos que as coisas sejam, em vez de tentarmos manipulá-las, embelezá-las ou suprimi-las, qual será nosso papel na criação de nossas vidas?

Esse tipo de questionamento deu início à minha investigação pessoal sobre a natureza das coisas – uma investigação que continua até hoje e que é uma das razões pelas quais estou escrevendo este livro. Quando exploramos as coisas, encontramos muitas aventuras ao longo do caminho. Deixe-me contar uma das minhas.

Ah, não, isso não

Muitos anos atrás troquei minha vida cheia de distrações e com uma apertada agenda na cidade pelas montanhas de Crestone, Colorado. Crestone é um lugar grande e solitário. Não é um lugar que alimente o apetite habitual que temos por atividades. A única coisa que Crestone realmente oferece é um monte de espaço. Então, durante meus primeiros meses lá, eu fiquei deprimida...

A verdade é que eu não sei sequer se poderia chamar aquilo de depressão. Não se tratava do sentimento letárgico e sem propósito do qual eu ouvi outras pessoas falarem. Era uma dor, como um "zunido", que não era sonolenta nem embotada. Ao contrário, ela gritava: "Acorda!". E eu não conseguia me afastar dela não importava o que fizesse. Essa dor tomou conta do meu corpo inteiro de tal forma que, quando eu tentava me mover, tudo doía. Pressionei aquele meu corpo possuído em uma cadeira e sentei ali sem me mover ou fazer nada pela maior parte de cada dia... até que o sol começava a baixar no céu, a luz ficava mais suave e a margem dura da dor descongelava, me levando para um estado de profunda paz. Então eu acordava subitamente antes do amanhecer para começar tudo de novo.

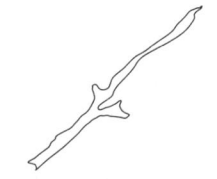

Todas as manhãs eu acordava para me confrontar com essa coisa. E todos os dias, por mais de um mês, eu tive a oportunidade de encarar a minha inabilidade em consertar essa coisa e funcionar de uma maneira que me fosse familiar. Sinceramente, foi uma das maiores oportunidades da minha vida. Tentar criar uma situação confortável para mim mesma não funcionou. Tentar me distrair, manipular a situação ou chegar a conclusões a respeito dela não ajudou. Mas, quanto mais eu desistia de tentar consertar as coisas, mais eu conseguia relaxar no olho do furacão.

O que era essa coisa? Nunca saberei. Quem pode localizar algo tão escorregadio e insubstancial, tão profundo e esquivo? O ponto é que eu comecei a apreciar a energia natural e a vitalidade da minha própria mente e eu não queria fugir disso. De fato, eu me sentia viva e o olho do furacão se tornou o lugar onde eu queria estar.

Frequentemente relembro a instrução de Rinpoche: "Não crie". Para onde ele estava me direcionando? A conclusão é que ele estava me guiando em direção a uma experiência que não foi criada por meio de objetificação – uma experiência além de exagero e negação. Em suma, ele me apontava a verdade natural e sem artificialidade da ausência de fronteiras e sua rica expressão criativa.

A inspiração

Na família na qual cresci, pessoas "criativas" eram sempre consideradas as mais interessantes. Arte, música e literatura eram expressões altamente valorizadas de uma sociedade. Criatividade era uma coisa boa. Então, "não criar" desafiou minha recente compreensão do que a prática deveria ser... e eu tive de repensar a criatividade em geral.

Pessoas do mundo da arte, música e literatura sempre falam sobre "a inspiração". Quem é ela, afinal? Estou bem certa de que ela não é a voz que entra em nós e diz: "Antes de p e b, use m". Não acho que ela nos diz o que fazer, e eu não tenho sequer certeza se ela realmente nos inspira. Estou começando a achar que criatividade genuína emerge quando damos um passo atrás e paramos de criar – paramos de fazer. Acho que a inspiração é a própria criatividade sem fronteiras e desimpedida.

Rinpoche estuda arte com Yahne Le Toumelin – uma artista que pinta de modo libertador, não conceitual e expressivo. Seu método exige que o(a) pintor(a) se mova com e observe a expressão da textura e da cor se revelar na tela sem transmitir julgamentos como "bonito" ou "feio", "bom" ou "mau". A disciplina dessa abordagem é simplesmente parar de criar e apenas deixar as coisas serem.

Elizabeth Mattis-Namgyel

Se o(a) pintor(a) se agarra a suas preferências, Le Toumelin encoraja o(a) artista a continuar o trabalho até que ele(a) permita que a criatividade natural se manifeste. Quando isso acontece, o(a) pintor(a) alcança o que Rinpoche chama de "o marco da não criação" – um estado de criatividade natural no qual o(a) artista abandonou seu próprio caminho. Quando todas as fixações se exaurem, o(a) pintor(a) descansa o pincel sem tentar melhorar ou manipular o resultado final. O processo pelo qual eu observei Rinpoche passar rendeu pinturas que incorporam uma naturalidade não fabricada. E essa naturalidade se comunica com todos os que observam seu trabalho.

Nós todos provavelmente já ouvimos histórias sobre grandes escritores e artistas cujos trabalhos representam a criatividade que emerge quando eles não sucumbem aos conceitos ordinários de como as coisas devem ser. Picasso modificava pinturas inteiras quando ele ficava apegado às imagens. Na escrita, quando nos agarramos a uma palavra, frase ou parágrafo, inibimos o fluxo de surpresas que apreciamos e com o qual aprendemos tanto. Escrever funciona melhor quando escrevemos não sobre aquilo que sabemos, mas sobre o que não sabemos.

De onde vem esse fluxo de surpresas? Como diz Rinpoche, costumamos pensar em criatividade como algo que pertence ao artista. Mas, em um sentido mais amplo, ele diz, o universo de aparências e possibilidades surge naturalmente sem que precisemos criar nada. Não é produto de um martelo e um prego. As montanhas, as árvores, o sol e a lua surgiram sem que nos envolvêssemos. Tudo o que fomos e tudo o que conhecemos desde que pisamos pela primeira vez neste mundo surgem dessa criatividade natural sem fronteiras[21].

Confiança

Desbloquear a criatividade natural em nossa experiência não é algo que está restrito à arte. Tem a ver com um estado de ser. Tem a ver com o espírito do não saber, com o koan, com tolerar a incoisitude, com uma mente livre de conclusões, com a mente do Caminho do Meio que conhece a natureza sem fronteiras das coisas. Este modo de ser nos oferece a liberdade de experimentarmos e de nos relacionarmos com a mente e com o mundo da maneira mais direta e viva possível.

Não criar demanda certa confiança – o tipo de confiança que o Buda teve quando desistiu de todas as visões e sentou-se sob a Árvore Bodhi. E desde esse espaço sem visões, o Buda veio a entender a natureza das coisas, o que lhe permitiu falar naturalmente sobre o caminho da sabedoria – a

---

21 Dzigar Kongtrul. *Natural Vitality*. Crestone, Colo.: Sarasvati Publishing, 2007.

peregrinação que nos leva da incompreensão para a iluminação. Mas isto não é algo comum, como peças que se encaixam. É verdadeiramente uma expressão não fabricada de brilho.

19

O professor perfeito

Quando penso em meu professor, Dzigar Kongtrül Rinpoche, sinto profunda admiração, amor e solidão, tristeza e carinho, tudo ao mesmo tempo. Mas se você me perguntasse quem ou o que meu professor realmente é, eu não saberia responder.

Passei bastante tempo tentando entendê-lo.[22] Mas sempre que eu penso: "Agora consegui – eu sei quem ele é", eu me deparo com problemas. O professor, como todas as coisas, está além de definição e objetificação. Se conseguirmos manter nossa relação com o professor como uma pergunta aberta, iremos experimentar a abundância de sua bondade e encontrar nosso caminho para adentrar a prática verdadeira.

O professor koan

Nos textos Vajarayana é dito: "Sempre veja o professor como um Buda perfeito". Esta é uma

---

[22] Usei o pronome masculino aqui porque meu professor é um homem. Mas você pode substituir pelo pronome feminino caso tenha uma professora.

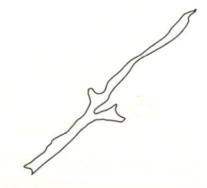

afirmação desafiadora, não acha? Como podemos ver qualquer coisa como "perfeita" se nossas mentes estão confusas – se nos movimentamos por dentro do limitado mundo da objetificação?

O mundo objetificado é um mundo baseado em fantasias, querer e não querer – um mundo no qual o ego faz tudo o que está a seu alcance para sobreviver. Esse mundo, por sua própria natureza, nunca alcança um estado de perfeição. Ele nunca satisfaz nem traz felicidade duradoura – sempre decepciona. Então, se olharmos para o professor dessa maneira comum, ele também nos decepcionará.

Quando entramos no caminho espiritual, temos muitas fantasias sobre o que o professor deveria ser: um pai, um super-herói, um monge, um Buda perfeito. Pode ser que esperemos dele certos comportamentos, como uma postura politicamente correta. Pode ser que esperemos dele leveza e humor ou que prefiramos seriedade e piedade. Podemos querer atenção ou independência. Mas, geralmente, desejamos um salvador, e desejamos ser salvos de um modo que seja confortável para nós. Se nos apegamos a essas fantasias, o professor terá de satisfazer expectativas realmente altas. Isso é pedir demais de outro ser humano – uma demanda impossível, de verdade.

Normalmente, quando pensamos no professor como um Buda perfeito, estamos apenas pensando nessa nossa imagem limitada dele – o que desejamos que ele seja. Nossa ideia de perfeição é artificial e forçada, não experienciada. Isso acontece porque a maneira como vemos o professor não é perfeita. Então, quando nosso professor perfeito faz alguma coisa que não entendemos, é muito difícil manter a visão grandiosa e estática que temos dele: a perfeição se desfaz.

Quando isso acontece, começamos a ver o professor como um cara comum, e temos de fingir nossa devoção[23] um pouquinho – dar um gás nela, digamos assim. Enquanto isso, nos perguntamos o que deu errado. Perguntamos: o professor está falhando ou eu sou apenas um péssimo aluno? Para onde foi minha devoção? Por que não consigo ser como os discípulos sobre os quais leio nos textos? Por que não consigo ver o professor como um Buda perfeito? Podemos até começar a duvidar por completo da possibilidade de liberação. Saltamos

---

23 A devoção surge de um profundo sentido de admiração por alguém ou algo que tenha nos beneficiado. No caminho Vajrayana, essa admiração tem importante papel a cumprir no despertar. Por meio da devoção, desistimos da visão objetificada que temos de nós mesmos e de nosso mundo para conseguir ter uma experiência maior, ainda que algumas vezes não estejamos certos do que essa experiência maior deveria ser. Algumas vezes a devoção surge sem esforço deliberado. Outras vezes temos de cultivar a devoção por meio da reflexão sobre o professor como a fonte dos ensinamentos, sobre sua bondade ou qualidades. Mas é apenas quando experimentamos a liberdade e o calor da prática diretamente que uma devoção natural ou não cultivada emerge desde dentro. No final das contas, a devoção ao professor está diretamente ligada à conexão que temos com nossa própria prática.

para frente e para trás entre fantasia e dúvida. Este grande dilema tem sua origem em uma visão pequena do professor.

Por favor, entenda: não estou dizendo que nossos professores não têm qualidades extraordinárias. O ponto é que não podemos conhecer verdadeiramente o professor se o vemos desse modo limitado.

Gancho e argola

Os textos Vajrayana algumas vezes descrevem o relacionamento entre professor e aluno por meio da analogia do gancho e da argola. Essa metáfora começa a problematizar a ideia de algo objetificado como "perfeito" ao elucidar a relação interdependente entre professor e aluno. A analogia sugere que, se o gancho se refere à habilidade do professor em pegar na mão do aluno para poder guiá-lo até a iluminação, nós, como alunos, precisamos nos tornar argolas. E o que significa se tornar argola?

O exemplo mais ilustre de argola foi o próprio Buda. E isto é interessante porque o Buda nunca teve um professor budista. Mas, quando falamos sobre se tornar uma argola, estamos falando de começar a ter a atitude, a visão e o espírito de que um praticante precisa para poder despertar. E isto o Buda tinha de sobra.

O Buda nos ensinou que a liberação se apoia na compreensão dos desafios humanos básicos.

Não há nada místico na liberação e, de fato, ele nos demonstrou como chegar lá. Observamos o Buda olhar profundamente para dentro das causas e condições do sofrimento em vez de dar as costas para elas. Nós discutimos sobre sua insatisfação com o mundo das coisas e como ele foi tomado pelo desejo de encontrar uma resposta para a condição humana. E vimos como sua insatisfação e sua ânsia pela verdade o mantiveram acordado e o guiaram para a iluminação. Tudo isso ilustra o espírito da prática – a prática de tornar-se uma argola.

Se você me perguntasse o que me comove mais em meu professor, eu diria: sua honestidade, coragem e profunda insatisfação com o "eu" e todos os seus quero-isso, não-quero-aquilo. A desilusão com o mundo das coisas traz um pouco de tristeza – um pouco de desconfiança –, e algumas vezes eu pude vê-lo lutando com isso. Muito frequentemente consideramos essa qualidade humana como uma fraqueza ou uma falha. Mas, na verdade, ser plenamente humano demanda coragem – a coragem de encarar a vida em vez de viver na fantasia.

Se não temos o desejo de ver além do mundo do "eu" e de todas as suas fantasias, que papel o professor realmente teria em nossas vidas? Continuaríamos em nossa tentativa usual de criar uma aparência de segurança para nós mesmos e teríamos necessariamente de resistir a qualquer conselho ou instrução que ele tivesse para nos oferecer.

Se não compartilhássemos com o professor a mesma visão de liberação da mente por meio da autorreflexão, nos sobrariam apenas duas formas de vê-lo – e ambas iriam manter o professor a uma distância segura de nós: ou iríamos encontrar falhas e fraquezas no professor, ou, de modo oposto, teríamos uma percepção do professor vivendo em um mundo totalmente diferente – uma realidade sublime e inacessível para seres como nós. Mas o que um professor assim poderia fazer por nós? Ele seria divino demais para que o entendêssemos. O que seria tão impressionante nesse tipo de professor? O que poderíamos aprender com uma pessoa assim? Que tipo de exemplo ele seria? Como uma pessoa assim poderia nos ajudar a trabalhar com nossos desafios humanos básicos: sofrimento, envelhecimento, doença e morte?

Milarepa foi um iogue tibetano bastante conhecido por sua devoção inabalável por seu professor, bem como por seus muitos anos em retiro solitário de meditação. Em sua biografia, um discípulo canta as preces de Milarepa dizendo exatamente assim: "Você é tão realizado, tão sublime, com certeza você tem sido um Buda desde o princípio. Nós humanos não podemos sequer conceber quão imensa é sua perseverança e devoção, que dirá praticá-las nós mesmos". Milarepa respondeu dizendo: "Ainda que sua prece para mim emerja de sua devoção, não há maior impedimento que este para sua prática. A falha reside em não reconhecer o poder e a eficácia do Darma e a verdadeira natureza da conquista dos grandes iogues, cuja realização se dá especialmente graças à sua devoção unifocada à meditação".

Esta é uma instrução profunda. Aqui, Milarepa mostra o verdadeiro trabalho do aluno. É fácil colocar o professor em um pedestal, como esse aluno em particular fez. E é fácil encontrar falhas no professor também. É fácil porque, deste modo, não temos de fazer o trabalho – o trabalho de se tornar argola. Não tão fácil é ver o professor além de nossas preferências e fantasias – além de objetificação. Isso demanda alguma profundidade, alguma visão.

Professor e aluno não são mutuamente excludentes – eles dividem uma íntima relação de interdependência. Eles são gancho e argola. E isso é de tal forma assim que, se entendermos a natureza da argola, naturalmente entenderemos a natureza do gancho. Até lá, nós nunca iremos verdadeiramente encontrar o professor.

Encontrando o professor

Pode parecer que o tema aqui é o professor, mas nossa investigação a respeito do professor apenas nos empurra de volta em direção a nós mesmos. De muitos modos, o caminho para se tornar uma argola é solitário. Pensamos, como fazemos em todos os relacionamentos, que agora que temos um professor não estamos mais sozinhos – finalmente, o vazio da solidão está preenchido. Mas percebemos, no final, que estamos mais solitários do que nunca. E nossa solidão é acentuada porque sabemos que a separação é inevitável e que a verdadeira liberação depende apenas de nós.

Essa solidão que experimentamos não é ruim. A familiarização com a solidão surge do fato de desistirmos de nossas fantasias, e é um passo necessário no caminho. De fato, a solidão será nossa companheira no caminho até que verdadeiramente encontremos o professor. Deixe-me explicar isto.

Na literatura Varjrayana há um padrão recorrente, uma espécie de drama. Acontece sempre que um professor está prestes a deixar este mundo. Nesse momento, o professor transmite a essência do coração da linhagem para um discípulo. Na linhagem Nyingma[24], essa tradição começa com Garab Dorje[25] e continua por muitas gerações de pratican-

---

24 A tradição Nyingma (rNying ma), ou "Escola da Tradução Antiga", é a mais antiga das quatro grandes escolas do budismo tibetano. Ela foi fundada quando das primeiras traduções das escrituras budistas do sânscrito para o tibetano durante o século VIII.

25 Garab Dorje (dga' rab rdo rje) nasceu na virada da Era Comum. Ele é conhecido como o primeiro detentor humano da linhagem dos ensina-

tes até o grande adepto que trouxe o budismo ao Tibete, Guru Rinpoche, e sua principal discípula, Yeshe Tsogyal.

O cenário é este: Guru Rinpoche está prestes a deixar este mundo, e sua discípula Yeshe Tsogyal começa a se lamentar. Ela arranca os cabelos, esmurra os braços contra as paredes e grita: "Como você pode nos deixar? Como pode ser tão cruel?". Isto segue por algum tempo até que Guru Rinpoche desce dos céus e canta para ela uma canção sobre a impermanência. "Você sabia que isto iria acontecer", diz ele. "Esta é a natureza das coisas."

Mas isso de modo algum pacifica Yeshe Tsogyal. De novo, ela começa a se lamentar. Implora que o guru fique e joga os braços contra as pedras até que seus membros começam a sangrar. Então Guru Rinpoche reemerge. Mas desta vez ele faz uma pequena caixa de joias, do tamanho da unha de um polegar, descer do céu. A caixa de joias contém a essência do coração dos ensinamentos, o *nyingthig*[26].

---

mentos Dzogpa Chenpo, ou Grande Perfeição – o pináculo da tradição Vajrayana. Ele transmitiu esses ensinamentos para seus seguidores de seres excepcionais, incluindo o chefe de seus discípulos, Manjushrimitra. Diz-se que Padmasambhava também recebeu transmissão de ensinamentos Dzogpa Chenpo diretamente de Garab Dorje. Ele é especialmente conhecido por sua composição "Três Palavras Que Revelam os Pontos Vitais" (tshig gsum ngad du brdegs).

26   O *nyingthig* (*snying thig*), ou ensinamentos da "essência do coração", refere-se à sessão de instruções essenciais da Grande Perfeição. Em *O tesouro precioso do espaço básico dos fenômenos*, Kunchyen Long-

Quando a discípula segura a caixa de joias nas mãos, ela relaxa, para de chorar e finalmente entende a natureza do relacionamento como um todo[27].

Quando a discípula recebe a caixa de joias, ela recebe as bênçãos – o verdadeiro sentido da prática. Podemos dizer que a caixa de joias é uma metáfora da prática que penetra a nossa experiência, também conhecida como liberação. E o que é liberação? É o mundo além da objetificação. Quando a prática penetra a mente, mesmo que apenas por um instante de bodicita, um instante de ver a natureza sem fronteiras das coisas, um instante de fé, nós

---

chenpa (Longchen Rabjam) descreve os ensinamentos *nyingthig* deste modo: "Uma vez que se tenha alcançado o topo de uma majestosa montanha, é possível enxergar o vale abaixo de uma só vez, enquanto que desde o vale não é possível ver como é a vista do topo. Do mesmo modo, *ati* (outro nome para Dzogpa Chenpo), a essência do coração vajra, é a abordagem do pináculo espiritual e enxerga o que é significativo em todas as outras [abordagens], enquanto as abordagens inferiores não podem ver seu sentido último. Assim é o pináculo, a experiência do pico, que está espontaneamente presente" (Juction City, Calif.: Padma Publishing, 2004, p. 53).

27 Para descrição mais detalhada da transmissão de Padmasambhava a Yeshe Tsogyal, veja Gyalwa Chagchub e Namkhai, *Lady of the Lotus-Born: The Life and Enlightenment of Yeshe Tsogyal* (Boston: Shambhala Publications, 1999, p. 137-46). Para descrição mais detalhada sobre a linhagem de transmissão que começa com Garab Dorje para Manjushrimitra, Shrisimha, Jnanasutra e Vimalamira, veja Nyoshul Khen Rinpoche, *A Marvelous Garland of Rare Gems: Biographies of Masters of Awareness in the Dzogchen Lineage* (Junction City, Calif.: Padma Publishing, 2005) ou Tulku Thondrup, *Masters of Meditation and Miracles* (Boston: Shambhala Publications, 1996).

nos tornamos argola. Gancho e argola – professor e aluno – se unem.

Até que isto aconteça, sempre haverá solidão no caminho. Nós temos um professor, mas ele não pode nos fazer felizes. Ele não pode retirar de nós nosso sofrimento ou ter a experiência de como é nossa mente. Há uma solidão em compreender que depende apenas de nós, que nós teremos de nos deparar com a velhice, a doença e a morte sozinhos. Nossa dor é só nossa. O professor não pode consertá-la. Ninguém pode.

Se não fazemos o trabalho de nos tornarmos argolas, podemos servir o professor dia e noite e nunca encontrá-lo. Do mesmo modo, podemos sentar em uma almofada doze horas por dia sem de fato praticar, ou podemos ficar em retiro pela duração de uma vida, mas realizar muito pouco. Isto é possível.

Mas quando encontramos verdadeiramente o professor, uma profunda apreciação emerge desde dentro. É como caminhar em direção a um vasto oceano de bondade. O professor serviu de exemplo para nós. Ele nos mostrou o caminho para fora da confusão ao nos oferecer conselhos pessoais e ensinamentos. Essencialmente, ele nos colocou na direção de nossa própria sabedoria inata. E é por meio dessa sabedoria que nós o conhecemos.

E há mais. Quando encontramos o professor perfeito nós vemos tudo como perfeito. Isto porque vemos o mundo além de nossa objetificação habitual – vemos a natureza infinita e ilimitada das coisas. Este é o fruto que surge desse relacionamento especial... não há nada como isso. Mas até que realizemos o verdadeiro sentido de "perfeito", até que nos tornemos a argola, o professor estará apenas esperando, e esperando, e esperando...

20

Além do "ceguismo" e do "duvidismo"

Tilopa, o conhecido mestre de meditação indiano, fez seu discípulo Naropa passar por várias provas para testar e aumentar sua fé, tais como fazê-lo saltar de penhascos e enfiar farpas de madeira debaixo das suas unhas. Após cada incidente, Tilopa milagrosamente reavivava o corpo destruído de Naropa[28]. E o adepto tibetano Marpa fez com que seu aluno Milarepa construísse enormes monumentos, que Milarepa teve de desconstruir e reerguer por anos a fio até que Marpa lhe oferecesse um único ensinamento[29]. Estes dois

---

28   Tilopa (988-1069) foi responsável por desenvolver o método Mahamudra, um conjunto de práticas espirituais que acelera enormemente o processo do despertar. Ele é conhecido por transmitir esses ensinamentos para seu principal discípulo, Naropa, batendo com uma sandália em sua cabeça. Naropa (956-1041) foi um erudito, iogue, místico e monge indiano. Ele foi também professor de Marpa, o tradutor. Tanto Tilopa quanto Naropa são importantes figuras na linhagem Kagyu do budismo tibetano. Você pode encontrar descrição detalhada desta história no livro *Palavras do meu professor perfeito*, de Patrul Rinpoche (publicado no Brasil pela editora Makara).

29   Lhodak Marpa Choski Lodos (1012-1097), afetuosamente conhecido como Marpa, o tradutor, foi o professor do budismo tibetano tido como responsável por trazer a transmissão de muitos textos budistas

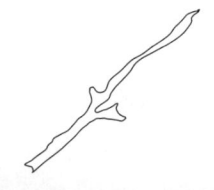

ilustres discípulos, Naropa e Milarepa, exemplificam a diligência e fé requeridas para alcançar a liberação dentro da tradição do budismo Vajrayana.

Ainda assim, provavelmente tenhamos dúvidas sobre essas expressões radicais de devoção. Essas histórias sugerem que deveríamos deixar de lado nossa inteligência discriminativa e simplesmente fazer o que os professores dizem? Significa que deveríamos acreditar no que quer que ouçamos porque assim foi dito nos ensinamentos? Em vez de nos sentirmos inspirados por tais exemplos começamos a questionar nossa fé.

Fé é um tópico importante, ainda que ilusório, no caminho espiritual – mas o que é "fé", exatamente? Se não investigarmos o verdadeiro significado da fé, iremos nos relacionar com a prática ou sem nenhum discernimento e visão pessoal, como cegos, ou, por outro lado, com desconfiança ou ceticismo, cheios de dúvidas. Em outras palavras, balançaremos de um lado para o outro entre o que o Rinpoche chama de "ceguismo" e "duvidismo".

---

da Índia para o Tibete. Ele era proprietário de terra, fazendeiro, erudito e professor. É bastante conhecido pelos feitos de seu mais próximo discípulo, Milarepa. Tanto Marpa quanto Milarepa são centrais para o desenvolvimento da linhagem Kagyu do budismo tibetano. Você pode encontrar acontecimentos detalhados sobre esta história em *Palavras do meu professor perfeito* ou *The Life of Milarepa* (Londres: Penguin Arkana Publications, 1992).

O ceguismo tem um bom monte de "deverias": "A tradição diz que eu deveria, o professor diz que eu deveria, um praticante deveria, minha prática deveria, eu deveria...". De onde vêm todas essas obrigações? O ceguismo surge com uma grande suposição – a de que não podemos confiar em nosso próprio discernimento, mesmo que tenhamos escolhido cegamente confiar em todas aquelas supostas obrigações que parecem seguir surgindo em nosso caminho. O ceguismo nos faz esquecer que antes de qualquer coisa entramos no caminho espiritual por confiar em nosso próprio discernimento. Vimos uma oportunidade e nos movemos em direção a ela. Agora, tendo encontrado os ensinamentos, simplesmente colocamos nossa sabedoria discriminativa de lado e aguardamos passivamente a liberação? Simplesmente deixamos suposições capitanearem nosso navio? Ou tomamos parte nisso ativamente?

É impressionante o que os seres humanos são capazes de suportar, mas apenas cegos poderíamos seguir assim por tanto tempo. Em determinado ponto, migramos para o duvidismo: "Como esta prática está relacionada à minha vida? Por que não está funcionando? Talvez eu não tenha perfil para isso. Os pensamentos em algum momento se acalmam? Talvez eu seja apenas um aluno ruim. Será possível que os ensinamentos simplesmente não se apliquem à minha vida? E quanto ao meu professor, ele parece tão comum para mim. Iluminação é obviamente um mito...". O duvidismo tem suas próprias suposições. Supõe que já descobriu, pelo menos em alguma medida, como as coisas são, de forma que autorreflexão e curiosidade ficam paralisadas. Enquanto isso, a dúvida revela sua própria esperteza. Mas ela nem de longe é tão esperta quanto se pensa, porque não nos oferece nenhum lugar para onde ir. O duvidismo nos impede de aprender qualquer coisa nova.

Ceguismo e duvidismo refletem um dilema profundo que normalmente carregamos conosco. Queremos ser "bons", mas não sabemos ao certo como fazer isso acontecer no contexto da nossa qualidade humana plena, que inclui nosso descontentamento, nossa confusão, nossas esperanças e medos, nossos quero-isso e não-quero-aquilo. Em outras palavras, não conseguimos reconciliar nossas supostas obrigações e as nossas dúvidas usando nosso próprio senso de clareza e prática. Parece que não conseguimos acessar uma inteligência além de ceguismo e duvidismo. E, se for desse modo, como podemos confiar em nosso próprio discernimento?

O calor do fogo

Na verdade, o que há de bom na fé sem discernimento? Ela sequer é possível? Para ter fé é preciso confiarmos em nós mesmos. Quem mais decide que caminho tomar ou no que deveríamos ter fé? Quem experimenta os benefícios da fé e os limites do ceguismo e do duvidismo? Quem deseja felicidade e liberação do sofrimento? Somos nós.

O budismo assume uma posição prática em relação a tudo isso. O Buda reconheceu nosso instinto fundamental para a felicidade como a semente da inteligência discriminativa. Com o apoio de causas e condições favoráveis, podemos confiar em nosso discernimento para nos guiar em uma direção positiva.

"Causas e condições", neste caso, significam a sabedoria dos ensinamentos. Os ensinamentos nos incitam a unir nossa inteligência natural própria – nosso instinto para a felicidade – com a sabedoria do caminho. Eles nos forçam a colocar a sabedoria em ação, ver se ela traz bem-estar e felicidade e, se o faz, passar a usá-la. Isso demanda engajamento e visão. Vimos como o Buda combinou instinto, sabedoria e investigação pessoal... e ele o fez com paixão, inteligência, criatividade e talento.

Esse processo de investigação pessoal produz encantamento semelhante ao de uma criança – e ao lado disso ceguismo e duvidismo não têm espaço. Ceguismo e duvidismo não têm a agilidade, a criatividade ou o brilho do encantamento. Encantar-se instiga um estado de engajamento contínuo, uma mente livre de suposições e regras, uma espécie de "zona livre de ignorância".

Quando vamos além dos estados míopes do ceguismo e do duvidismo, podemos ver o tabuleiro do jogo por inteiro, mas também vemos as peças, como elas se movem e afetam umas às outras. Vemos, por exemplo, que a autoabsorção leva ao sofrimento, enquanto bondade amorosa leva à liberdade. Vemos os limites em objetificar as coisas e a coragem que vem de nos posicionarmos como testemunhas da nossa vida. Vemos como o professor apoia nosso despertar. Encantar-se revela-se como um dinâmico processo de exploração que abre caminho para a visão clara.

Em dado momento quando éramos pequenos, pode ser que alguém nos tenha dito que o fogo é quente. Mas até que toquemos o fogo pela primeira vez e queimemos a mão, nós não teremos uma relação pessoal com o seu calor. Depois dessa experiência, no entanto, temos uma fé inabalável de que o fogo é quente. A sua sensação nos queimando é uma experiência que fica conosco por toda a vida, porque é poderosa e direta. Suspeito que foi esse tipo de fé – esse tipo de discernimento e confiança que surge de ver como as coisas funcionam – que impulsionou os heroicos meditadores do passado.

Qual é seu plano?

Retornemos àqueles meditadores famosos. No que eles realmente estavam interessados? Como muitos outros praticantes, eu sempre me questionei sobre sua motivação e fé. Um dia, finalmente, perguntei a Rinpoche se esses discípulos fervorosos sobre os quais líamos nos textos Vajrayana – os mesmos que reverenciávamos tanto – seguiam as instruções de seus professores cegamente. E ele respondeu: "Não. Eles sabiam exatamente o que estavam fazendo".

Independentemente de quão extremo, arbitrário ou pitoresco possa nos parecer saltar de um penhasco, para esses discípulos isto fazia parte de um plano maior – um plano de liberação. Esses discípulos aspiravam desistir de seus hábitos de objetificação do eu e do outro para confiar em alguma coisa maior... e eles estavam pegando fogo. Seu caminho expressava isso, e nós vemos que ele se cumpriu.

Quando damos início a um treinamento espiritual, nós também devemos ter um plano. De fato, quando entramos no caminho, estamos basicamente fazendo ajustes para a liberação. Tudo é muito prático. O modo pelo qual decidimos nos encarregar de nossa liberação é algo individual. Mas precisamos de visão: precisamos saber como o caminho funciona e como nós o atravessamos. Precisamos de apoio: professores e exemplos. E, depois, precisamos nos entregar ao processo de mudança.

Se não assumirmos o comando, as únicas escolhas que teremos são: abdicar de nosso discernimento e manter o professor e a linhagem como responsáveis por nossa liberação – oh, não, ceguismo à vista! Ou, ao contrário, abrir mão de nossa independência e, neste caso, sentirmos talvez que o professor e a linhagem nos estão aprisionando – ups, duvidismo à vista. Perguntas podem começar a surgir: Tenho de fazer tudo o que o professor pedir? E se ele pedir que eu faça alguma coisa na qual não acredito? Tenho de concordar com tudo o que leio nos textos?

Temos? Ou não temos? Deveríamos? Ou não deveríamos? A vida não está prescrita deste modo. Relacionamentos não são pré-moldados. Nós não entramos em nenhum relacionamento pensando, "Eu não faço janelas" ou "Eu não vou me jogar de um penhasco". O que faremos, quem nós seremos no momento seguinte... temos de esperar para ver. Teremos de confiar em nosso próprio discernimento e ele pode nos surpreender.

A moral por trás das histórias desses grandes meditadores não é se teremos ou não de enfiar farpas de madeira embaixo das nossas unhas para alcançar a iluminação. A moral de suas histórias é que a liberdade exige que confiemos em nosso instinto para a felicidade. Liberdade requer visão, a sabedoria dos ensinamentos para nos apoiar e pensamento independente. Ela requer que encontremos o Caminho do Meio além de ceguismo e duvidismo. Mas, acima de tudo, essas histórias levantam uma questão simples: como você irá atingir a liberação?

Qual é o seu plano?

21

Andar pela fé

Em uma manhã, enquanto caminhava pelo Central Park, em Nova York, indo em direção ao centro e ponderando sobre a importância da fé, vi uma grande igreja. Em frente à igreja havia um enorme banner cor violeta com letras amarelas onde se lia: "Andamos por fé e não pelo que vemos"[30].

Não conheço a fundo as interpretações cristãs dessa citação. E não sei o quanto ela significou para seu autor. Mas para mim significou muito.

Quando vivemos a vida como uma pergunta aberta, nós conseguimos a informação de que precisamos... mesmo que seja em um gigantesco banner. Agora, se isso é a vida dando uma resposta à nossa pergunta aberta ou apenas nós despertando para o mundo ao redor, eu não sei. Mas estou começando a ter fé de que isso acontece desse modo.

---

30   2 Coríntios 5:7 (as palavras de Paulo).

Andando pelo que vemos

Todo mundo deseja fé, não é? O que poderia ser melhor? Fé faz a vida despreocupada, simples e significativa. Infelizmente a fé não é tão fácil de se encontrar. Isso porque nós andamos de acordo com o que vemos.

Quando andamos pelo que vemos, nós tomamos as coisas por seu valor aparente, o que significa que deixamos o mundo das aparências nos guiar. Confiamos na natureza imprevisível e irreparável das coisas. Agora, será que algo ambíguo por definição, aberto à interpretação, temperamental, enganador ou mutável pode ser considerado confiável? Eu acho que não. O máximo que nós podemos esperar do mundo das aparências é lidar com ele com ansiedade, esperança e medo.

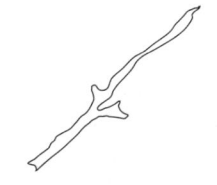

Meu querido e impetuoso amigo Juan Carlos costumava dizer que os ensinamentos sobre a natureza não confiável e sem fronteira das coisas o faziam se sentir... sem chão. Obviamente ele estava apenas dando voz a uma experiência pela qual todos nós já passamos em relação à incerteza da vida. Juan Carlos – e, assim espero, a maioria de nós – amadureceu ao longo dos anos. Ele constituiu família, observou os filhos crescerem e já provou um bom pedaço da vida. Eu não diria que ele já está farto; Juan Carlos tem bastante interesse pela vida. Mas a maturidade vem quando testemunhamos a natureza não confiável das coisas – bastante envelhecimento, doença, morte e desapontamento – e, acima de tudo, quando realizamos que não há nada mais assustador e mais "sem chão" do que confiar naquilo que não é confiável.

Vamos assumir, então, que nós nunca sabemos o que vai acontecer a seguir – não sabemos o que está do outro lado – e, quanto mais cedo aceitarmos essa realidade, melhor. E com isso eu não me refiro apenas a "encarar os fatos". Acredito que nós podemos gostar de viver desse modo, não acham? Estar curioso, maravilhado, encantado, estupefato... não teríamos nada disso se já soubéssemos o que iria acontecer em seguida. Não teríamos nenhum "ahhh" e nenhuma surpresa. Nós perderíamos o desafio de tentar desvendar nosso próprio mistério pessoal, não cresceríamos, não haveria mais perguntas abertas para ponderar – nenhum koan com o qual brincar. De fato, a vida seria inerte. Alguém gostaria disso? Duvido. Melhor, então, andar pela fé.

Andar pela fé

Andar pela fé é como uma súplica – uma oração. Suplicamos quando nós não sabemos o que fazer, quando por meio de uma investigação profunda desistimos de ter esperança no inconsertável mundo das coisas, quando sabemos que não há mais para onde ir. Quando chegamos a este ponto, nos encontramos em uma situação similar à do Buda quando ele esgotou todas as visões e sentou com a mente completamente aberta sob a Árvore Bodhi. O gesto do Buda de sentar debaixo da Árvore Bodhi nesse estado sem visão foi um apelo – uma súplica por um modo maior de ser.

Comumente, quando nós pensamos em fé, pensamos em ter fé em algo. Mas isto seria como andar pelo que vemos, não seria? Então, há uma virada aqui na história do Buda. Pelo seu exemplo aprendemos que a qualidade da ausência de fronteiras – o modo maior de ser – não é algo no qual podemos ter fé. Não é objetificável ou encontrável. Não é algo que se possa afirmar nem que se possa negar.

A fé é a mente de uma pergunta aberta. E, quando fazemos uma pergunta aberta, nós não recebemos algum tipo de resposta estática. Não chegamos a um destino final ou obtemos uma conclusão definitiva à qual podemos nos agarrar e dizer: "É isso!". Fé é uma experiência, um modo de estar na vida, que vem de uma mente que não chega a conclusões sobre o mundo das coisas. Então, em essência, permanecer em um modo maior de ser sem desistir é o que significa andar pela fé.

Talvez você ainda ache que a fé deixa você em uma situação delicada, um pouco à deriva. Mas, se você se mantém nesta prática, a prática de andar pela fé, você pode se surpreender. À medida que todas as suposições convencionais que você tem sobre o mundo – todas as esperanças e medos, todo exagero e negação – começarem a desmoronar, você encontrará uma certeza inabalável. Essa certeza é a fonte da confiança, da inteligência, da criatividade, e ela sustentará você. E, assim como os grandes seres do passado, presente e futuro, você irá desfrutar de uma fluida, vibrante e dinâmica parceria com o mundo.

Agora, se esta plenitude é mesmo o que você procura, a cada momento pergunte-se: Eu posso permanecer presente em meio à possibilidade ilimitada? Eu posso relaxar com o maravilhamento? Eu posso viver minha vida como uma pergunta aberta?

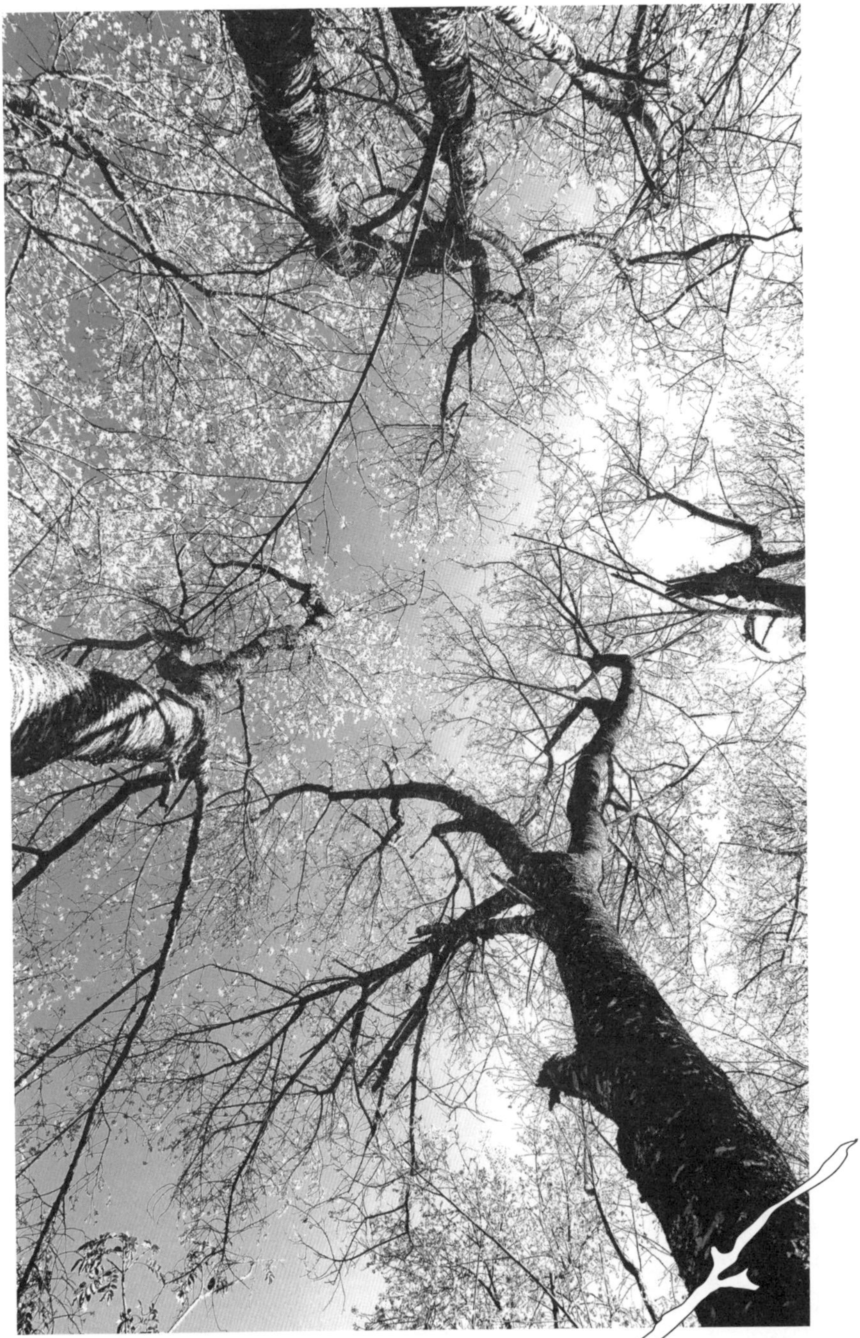

Bibliografia

Chandrakirti. *Introduction to the Middle Way.* Com comentário de Jamgön Mipham. Boston: Shambhala Publications, 2002.

Changchub, Gyalwa; Nyingpo, Namkhai. *Consorte do Nascido do Lótus: A vida e a iluminação de Yeshe Tsogyal.* Teresópolis: Lúcida Letra, 2020.

Conze, Edward (trad). *The Perfection of Wisdom in Eight Thousand Lines and Its Verse Summary.* Bolinas: Four Seasons Foundation, 1994.

Khen, Nyoshul. *A Marvelous Garland of Rare Gems: Biographies of Masters of Awareness in the Dzogchen Lineage.* Junction City: Padma Publishing, 2005.

Khyentse, Dilgo. *Enlightened Courage: An Explanation on the Atisha's Seven Points of Mind Training.* Ithaca: Snow Lion Publications, 1993.

Kongtrül, Dzigar. *It's Up to You: The Practice of Self-Reflection on the Buddhist Path.* Boston: Shambhala Publications, 2005.

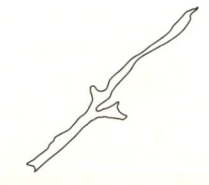

_____. *Light Comes Through: Buddhist Teachings on Awakening to Our Natural Intelligence.* Boston: Shambhala Publications, 2008.

_____. *Natural Vitality.* Crestone: Sarasvati Publishing, 2007.

Kongtrül, Jamgon. *The Great Path of Awakening.* Boston: Shambhala Publications, 2005.

Milarepa. *The Life of Milarepa.* Londres: Penguin Arkana Publications, 1992.

Nagarjuna. *The Root Stanzas on the Middle Way.* Dordogne: Éditions Padmakara, 2008.

Rabjam, Longchen. *The Precious Treasury of the Basic Space of Phenomena.* Junction City: Padma Publishing, 2001.

Rinpoche, Patrul. *As palavras do meu professor perfeito.* Três Coroas: Makara, 2008.

Saltman, Bethany. Moral Combat: Chris Hedges on War, Faith, and Fundamentalism. *The Sun Magazine*, n.396, dez. 2008. Disponível em: https://www.thesunmagazine.org/issues/396/moral-combat. Acesso em: 3 jun.2018.

Shantideva. *O caminho do bodisatva.* Três Coroas, Makara: 2013.

Shibayama, Zenkei. *The Gateless Barrier: Zen Comments on the Mumonkan.* Boston: Shambhala Publications, 1974.

Sumedho, Ajahn. *The Four Noble Truths.* Hertfordshire: Amaravati Publications, 1992.

Thondup, Tulku. *Masters of Meditation and Miracles.* Boston: Shambhala Publications, 1996.

Nota sobre a tradução

Quando encontrei *O poder de uma pergunta aberta*, mesmo não sendo uma tradutora profissional, não tive dúvidas: iria torná-lo acessível em português. Já aspirava a traduzir um livro do Darma e fiquei encantada com a voz de Elizabeth. Nem havia terminado de ler a Introdução quando tomei essa decisão. Minha convicção acabou sendo protegida por ter surgido precocemente: aconteceu antes de eu ser apresentada, nos capítulos que viriam, a termos como *thinglessness* e *boundarylessness*, e ponderar que talvez eu não tivesse capacidade técnica para a empreitada. Mas já era tarde. Havia me apaixonado pelo livro e, quando a gente se apaixona, parece que não tem volta.

No entanto, o desafio – e a delícia – de traduzir *O poder de uma pergunta aberta* não foram as palavras difíceis, mas exatamente o contrário: foi manter a simplicidade. Para mim, Elizabeth tem uma forma de escrever intrigante. Sua linguagem é tão simples e direta que chega a ter um tom coloquial – muitos ensinamentos estão imbricados com histórias pessoais suas e de outros, e a maneira como os descreve é sempre como se estivesse contando um causo.

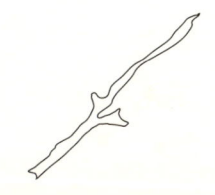

Uma característica de estilo que, para mim, explicita sua humildade, ancorada em anos de prática genuína do Darma.

No entanto, dentro de suas histórias aparentemente comuns e das constantes perguntas que ela levanta, sua visão – a visão de sabedoria que revela a verdadeira natureza das coisas – se apresenta, clara e afiada, completamente alinhada com a visão dos budas e da linhagem. Sem deixar esse tom coloquial em momento algum, Elizabeth nos introduz de maneira certeira na visão que levou o Buda à iluminação, à mente do Caminho do Meio. E ela o faz como se seu voto fosse o de nos apresentar à possibilidade da iluminação por meio de palavras que nos sejam comuns, que soem como se tivessem saído de dentro da informalidade da nossa própria vida e não de um livro de filosofia budista ou da boca de um grande erudito. Esta é, em um sentido profundo, a verdadeira realização do Darma, não é?

Thingness, no-thingness, thinglessness, boudarylessness, doubtism, blindism, são palavras que revelam isso. Durante a tradução, me veio à mente um poema de Viviane Mosé em que ela fala em "pensamento chão", "poema de pé no chão", poema "de gente normal". Acho que este é um livro de "pensamento chão". Há muitos livros, de diferentes caminhos espirituais, que nos abrem para novos universos filosóficos ou nos introduzem em visões mais amplas sobre o amor e a compaixão e nos provocam, ao terminarmos a leitura, a sensação de estarmos flutuando. No entanto, se não temos a habilidade de integrar essa compreensão à nossa vida, a visão que o livro traz pode nos fazer ficar agradavelmente – e perigosamente – desconectados da realidade. Sinto que com *O poder de uma pergunta aberta* não corremos esse risco, mesmo que estejamos iniciando no caminho. Em vez de flutuarmos, ele nos oferece a sabedoria de trazermos nossos pés para a terra, tanto no tipo de ensinamento – como vocês viram por si mesmos – como em sua linguagem.

Por tudo isso, descartei a possibilidade de me ancorar na literatura budista clássica ao traduzir os neologismos presentes no livro, como *thinglessness* e *boundarylessness*. Se assim o fizesse, surgiriam termos como "ausência de existência inerente" ou "insubstancialidade" para a primeira; e "inseparatividade" ou "qualidade ilimitada" para a segunda. Senti o esforço de Elizabeth para não usar jargões budistas – como ela mesma coloca no capítulo *A palavra "V"* – e queria que a tradução fosse fiel a esse seu intento. Por isso, achei importante manter a raiz dessas duas palavras tão cotidianas – *coisa* e *fronteira*.

Quando ela fala em *thingness*, literalmente a qualidade de "coisa", referindo-se à experiência de que há uma qualidade inerente e independente de "coisa" nas coisas, arrisquei seguir a sugestão de Gustavo Gitti e fazer o mesmo exercício de neologismo em português:

coisitude. Há coisitude nas coisas? A visão do Caminho do Meio mostra-nos que não. Surge *incoisitude*, tradução para *thinglessness*. Para *boundarylessness*, em vez de mais um neologisimo, escolhi simplesmente *ausência de fronteiras*, com algumas pequenas variações. Ainda assim, considero que nós mesmos, leitores e leitoras de Elizabeth, vamos ter de testar a eficácia dessas palavras e, à medida que aprofundarmos nossa visão, descobrir outras possibilidades de tradução.

No mais, ainda que esse corajoso editor que é Vítor Barreto, queridos amigos e amigas do Darma, meu companheiro e minha família tenham sido consultados em algum ponto deste trabalho, eu me responsabilizo pelos erros e peço desculpas pelas falhas que certamente vocês encontrarão. Mesmo assim, a verdade é que, se este livro provocar no coração de outras pessoas um pouco do que provocou no meu, me dou por satisfeita.

Lia Beltrão

Que muitos seres sejam beneficiados.

Para maiores informações sobre lançamentos de livros budistas pela Lúcida Letra, cadastre-se em www.lucidaletra.com.br

Impresso na gráfica da Editora Vozes em setembro de 2022